TOUT VA BASCULER !

François Lenglet

TOUT VA BASCULER !

Albin Michel

2019

L'échec libéral

Trente ans exactement après la chute du Mur de Berlin, il semble se produire un phénomène de la même ampleur, mais comme inversé. Alors que les dictatures étaient tombées une à une en 1989, sans coup férir, au profit de la démocratie, ce sont aujourd'hui les démocraties qui sont ébranlées, avec leurs institutions et leurs principes mêmes – le vote, la représentation, le mandat. Alors que les frontières s'étaient effacées, libérant les illusions d'une gouvernance mondiale qui n'est jamais advenue, les voici qui sont rehaussées sur tous les continents, à la demande des peuples, pour rétablir l'espace national.

Comme en 1989, le mouvement est incroyablement rapide, et identique sur tous les continents. Pays occidentaux ou émergents, nations riches ou pauvres, démocraties ou régimes autoritaires, tous les pays connaissent désormais la même évolution : ceux qu'on appelle les « populistes » remportent les élections ou renforcent leur emprise. Ou encore, s'ils ne parviennent pas au pouvoir, gagnent en influence politique. Au point de déteindre sur le programme et les slogans des partis traditionnels en échec et désemparés.

Une marée mondiale. Le Brexit, au Royaume-Uni. La montée d'Alternativ für Deutschland, en Allemagne. La victoire de Matteo Salvini, leader de la Ligue, en Italie. Celle de Rodrigo Duterte, à la présidence des Philippines. Celle de Donald Trump, à la Maison Blanche de Washington. Celle de Jair Bolsonaro, au Brésil. La dérive autoritaire d'Erdogan, en Turquie, de Poutine, en Russie, de Xi Jinping, en Chine. Ou de Viktor Orban, en Hongrie. De l'exécutif polonais. En attendant les élections européennes, en juin prochain. Populiste ? Extrême droite ?

En apparence, chaque pays a développé sa propre variante. L'Américain Trump veut construire son mur le long du Mexique, le Philippin Duterte se déchaîne contre les criminels et les Anglais récusent les décisions de Bruxelles. Et l'on pourrait inventorier les différences dans les programmes qu'ils entendent appliquer chez eux. Trump affiche une sorte de libéralisme au plan économique et fiscal que récuserait une Le Pen. Mais tous ont un point commun essentiel : la volonté de rétablir les frontières et la souveraineté nationale.

Cette crise politique ne se résume pas à une banale alternance, qui ferait passer le pouvoir d'une main à l'autre dans les classes politiques. Car les partis traditionnels se sont affaiblis. À la fin 2018, quatorze pays sur les vingt-huit que compte l'Europe étaient gouvernés par des coalitions de partis minoritaires, souvent hétérogènes.

L'effondrement de la social-démocratie est particulièrement spectaculaire, qui avait régné sur l'Europe du Nord et son modèle social. Les syndicats ont perdu prise. Les élus ne savent répondre ni à l'insatiable demande de transparence, ni à la demande d'assistance. Le soupçon de conflit d'intérêts à leur endroit est tel que lors de la dernière élection présidentielle française, nombre de candidats avaient inscrit à leur programme le tirage au sort d'une partie des représentants du peuple – s'en remettre au hasard, ou la négation absolue de la vie politique et du vote démocratique. Comme si le loto était plus sûr que le choix des peuples !

Les mouvements populaires ne semblent pas avoir d'autre finalité que l'expression d'un cri de haine ou de désespoir. Le Brexit ne trouve ainsi pas de débouchés concrets, à cause de l'incroyable médiocrité de la classe politique britannique. Le mouvement des gilets jaunes menaçait ses représentants dès qu'ils sortaient la tête, et s'est trouvé incapable de s'organiser pour conduire des négociations avec le pouvoir, formant une révolte à la fois victorieuse et inaboutie, aux revendications dispersées et contradictoires. La contestation vit au rythme des réseaux sociaux, de ses émotions et de ses rumeurs.

Plus grave encore, c'est la raison elle-même qui est contestée, et avec elle les faits observables, qui servaient naguère d'ancre au débat politique. Les mesures – les chiffres de l'économie comme le pouvoir d'achat ou l'indice des prix par exemple – sont récusées, parce que soupçonnées de servir les intérêts d'un émetteur qui travestit la vérité. C'est l'expérience individuelle, le « ressenti », qui se substitue aux faits ou sert à les contrecarrer. Les communautés se bâtissent autour de ces réalités fugaces, comme dans des bulles, qui interdisent toute interaction autre que l'insulte ou la violence.

Alcoolique en manque

Cette montée des périls politiques se double d'une menace économique, le retour de la crise financière. Retour, car c'est toujours la même qui frappe à notre porte. Celle de 2008-2009, qui n'a eu ni terme ni résolution. Elle avait été causée par un excès d'endettement, nous l'avons calmée avec un surcroît d'endettement. Loin d'avoir fait cesser la cause, nous l'avons entretenue. Exactement comme un alcoolique calme une crise de manque avec un bon whisky. Depuis le krach de 2008, la dette mondiale a progressé d'un tiers, lorsqu'on la mesure en pourcentage de la richesse créée chaque année sur la planète. Les records se succèdent, et se résument tous en ces quelques mots : jamais la dette n'a été aussi élevée en temps de paix. Comme toujours, elle se concentre autour de quelques nœuds de l'enchevêtrement de liens financiers qui maillent la planète avec une trame plus ou moins serrée selon le développement des pays. Ce sont les grandes entreprises qui ont accumulé des dettes considérables, ainsi que les États. Les États-Unis, le Japon et surtout la Chine, dont on ne connaît pas précisément les risques car ils ont été pour partie dissimulés. Avec bien sûr certains États européens, l'Italie et la France.

Il y a dix ans, pour éviter un effondrement de l'économie comparable à celui de l'entre-deux-guerres, les dirigeants mondiaux ont garanti les dettes accumulées et relancé la croissance avec de nouveaux emprunts publics. Une fuite en avant dans laquelle il a fallu mobiliser également les banques centrales, le cœur du système capitaliste. Elles aussi se sont endettées pour soulager l'économie.

Tout l'espoir des initiateurs de cette opération sans précédent dans son ampleur était que l'économie mondiale allait retrouver son cours habituel : la croissance et l'inflation auraient vite fait d'éroder le stock de dettes. Mais il n'en a rien été. Ni dans la zone euro ni au Japon. Aux États-Unis, l'activité est bel et bien repartie, mais pas suffisamment, et c'est le budget fédéral qui a pris le relais de la banque centrale, avec les baisses d'impôt décidées par le président Trump. De la dette. Encore et toujours.

En zone euro, malgré les milliers de milliards injectés dans les circuits, il n'y a eu qu'une reprise faiblarde. En France particulièrement : un peu plus de 2 % seulement en 2017, après des années de croissance zéro. En Amérique, la confiance des investisseurs et des ménages est fragile, au début 2019. En Chine, le régime de croissance s'amenuise d'année en année. Un ralentissement synchronisé sur tous les continents se profile pour l'année qui vient. Une perspective d'autant plus inquiétante que nous n'avons plus guère d'armes anti-récession, contrairement à 2008. Les taux d'intérêt sont faibles, quand ils ne sont pas au plus bas comme en Europe et au Japon. Ils ne peuvent donc être réduits. Quant à l'arme budgétaire, elle est usée à force d'avoir servi. Nous nous trouvons dans la situation d'un chasseur qui traverse une forêt la nuit, alors qu'il a tiré toutes ses cartouches – mieux vaut qu'il ne croise pas un ours.

Volontés de puissance

Une troisième rupture se fait jour, au seuil de la décennie nouvelle : la crise géopolitique. Tout l'appareil institutionnel péniblement élaboré au XXe siècle est mis à mal par les forces du nationalisme renaissant. Voilà déjà plusieurs années que l'Organisation mondiale du commerce se trouve ensablée, incapable de redémarrer de nouvelles négociations internationales.

Aujourd'hui, elle ne parvient même plus à régler les différends commerciaux entre ses membres, faute de juges en nombre suffisant. La conférence climatique, après un succès apparent à Paris en 2015, est affaiblie par le retrait des États-Unis. Le G20, groupe des vingt économies les plus importantes de la planète, sur lequel reposaient les espoirs de « gouvernance mondiale » après la crise de 2008, se borne désormais à publier toujours le même communiqué plein de bonnes intentions, quelles que soient les circonstances. Même la vénérable union postale universelle, fondée en 1874, est mise à mal parce que l'administration Trump l'a quittée, critiquant les avantages accordés à la Chine… En Europe, la Commission de Bruxelles n'est pas mieux lotie, conspuée par les gouvernements et incapable de se lancer dans de nouvelles initiatives, alors que le Royaume-Uni fait sécession.

Tout ce qui appartient au multilatéral et à la souveraineté partagée est désormais vécu comme une entrave. Non seulement par les peuples, mais par les gouvernements. Et en particulier par l'Amérique et le Royaume-Uni, les piliers d'un ordre international qu'ils avaient largement inspiré.

Les organismes internationaux n'étaient pas autre chose que des machines à fabriquer des compromis entre les nations, au moyen d'une mécanique de règlement des différends. Leur panne laisse apparaître les volontés de puissance nationales et les rivalités. De façon significative les budgets militaires ont fortement augmenté en 2018, de près de 5 %, atteignant un record de l'après-guerre froide. Neuf pays de l'OTAN ont atteint le seuil de 2 % du PIB, alors qu'ils n'étaient que quatre en 2014 : quand on ne se parle plus, on s'équipe en matériel militaire.

Les rivalités renaissent donc, et au premier chef celle qui oppose les États-Unis et la Chine. Il y a encore dix ans, les commentateurs célébraient la « Chinamérique », association des deux puissances qui bordent l'océan Pacifique. Les intérêts économiques et financiers étaient tellement imbriqués que Pékin et Washington ne pouvaient que s'entendre, voulait-on croire. Avec le même aveuglement que celui de l'auteur de *La Grande Illusion*, Norman Angell, qui assurait, à la veille de la Première Guerre mondiale, que les intérêts économiques croisés interdiraient tout conflit militaire en Europe.

Voilà deux ans que se tendent les relations entre la Chine et les États-Unis, sous l'effet de la poussée nationaliste qui se fait jour dans les deux pays. Là où Barack Obama évitait la confrontation en mettant un soin particulier à laisser tous les problèmes dans l'état où il les avait trouvés, Donald Trump met les pieds dans le plat. Alors que le régime chinois se radicalise et renoue avec l'autoritarisme, même avec une forme de culte de la personnalité autour du leader Xi Jinping. Faut-il se préparer à une nouvelle guerre froide, entre les États-Unis et la Chine, après celle qui opposa naguère Washington et Moscou ? La voie est ouverte.

Les sujets de confrontation se sont multipliés. Le commerce tout d'abord, avec l'énorme excédent que la Chine dégage vis-à-vis de l'Amérique. Le déséquilibre a atteint un record absolu en octobre dernier, avec près de 40 milliards de dollars sur un seul mois. Au-delà du trou dans les comptes extérieurs américains, ce que l'administration américaine met en cause, ce sont les pratiques déloyales de la Chine. Vols de propriété intellectuelle, marchés intérieurs verrouillés, lourdes subventions déguisées aux entreprises chinoises, qu'elles soient privées ou publiques… Toute la stratégie de pillage industriel délibéré que la Chine a mise en œuvre depuis vingt ans, dans l'indifférence générale des Occidentaux et singulièrement des Américains, est désormais ouvertement contestée par Washington. Et vécue, non sans raison, comme une agression économique.

Au plan proprement militaire, les risques de confrontation se concentrent dans les eaux qui bordent la Chine. Pékin les considère comme des « mers intérieures ». Elles sont en effet vitales pour l'acheminement des matières premières, le pétrole en premier lieu, dont l'ogre chinois a besoin. La Chine a littéralement annexé et investi des îlots dont elle dispute la propriété à ses voisins, pour en faire des bases militaires. Pour contrer cette présence accrue, la 7e flotte américaine multiplie les démonstrations de force en Asie orientale – en 2017, la marine américaine n'a pas conduit moins de 160 manœuvres conjointes avec ses alliés coréens ou japonais dans la zone. Taïwan constitue un autre sujet explosif, Trump ayant multiplié les signes favorables à la « petite Chine » nationaliste et indépendante, que Pékin considère comme relevant de sa souveraineté. En janvier 2019, Xi Jinping évoquait sans détour l'option militaire pour réunifier les deux Chine et combattre les « puissances étrangères » qui s'y opposeraient. Une litote pour désigner les États-Unis et leur président, qui avait passé un coup de téléphone ostensible et délibérément surmédiatisé, avant même sa prise de fonction officielle, en janvier 2017, à son homologue taïwanais.

La technologie constitue encore un terrain de bataille très sensible. Pékin est le seul pays au monde à avoir délibérément exclu de son marché intérieur les Google, Facebook, Uber, Amazon et autres multinationales américaines. De façon à constituer une offre chinoise alternative, avec ses propres géants que sont Alibaba, Tencent ou Baidu. Et aujourd'hui, les deux pays et leurs armées d'ingénieurs – la Chine en forme plusieurs centaines de milliers par an – sont en compétition pour les technologies de demain. L'intelligence artificielle bien sûr. Mais aussi les batteries pour véhicules électriques, un secteur où la Chine a pris un ascendant mondial. Ou la 5 G, la prochaine génération du réseau de télécommunications, qui permettra de connecter à l'internet des milliards d'objets. Ou encore la conquête spatiale.

Sur des sujets aussi stratégiques, la bonne vieille rivalité commerciale a cédé le pas à de véritables affaires d'espionnage et à un affrontement où sont impliqués les deux gouvernements. Allant jusqu'à l'arrestation de cadres dirigeants, dans le but de déstabiliser l'ennemi. Car c'est bien de guerre économique dont il s'agit. Une guerre qui ne peut que s'amplifier dans les années à venir, alors que l'avance que la Chine a conquise dans les laboratoires va se révéler dans les matériels et leurs applications.

Chaos et désir d'ordre

En bref, en 2019, tout craque. La politique. L'économie. La géopolitique. C'est tout l'ordre ancien qui se délite sous nos yeux.

Un chaos ? Pas si sûr. Il y a une puissante raison souterraine à tout cela. Une cause qui est à l'œuvre et s'amplifie depuis plusieurs décennies. Notre crise de 2019 n'a rien d'un phénomène météorologique qui se serait formé récemment, sous l'effet de facteurs contingents et imprévisibles. Elle ressemble au contraire à un tremblement de terre, longuement préparé par des mouvements de l'écorce terrestre.

Il faut en effet observer que ces trois crises procèdent toutes de la même cause : la fin d'un long cycle libéral, qui a mis à mal l'espace national sans lui substituer d'ordre social et politique intelligible. Ce cycle est né dans les années soixante, il a été initié par la génération de l'immédiat après-guerre, qui voulait davantage de liberté. Il s'est développé, amplifié, mondialisé, jusqu'à sa maturité, au tournant des années quatre-vingt-dix. Puis il s'est caricaturé et dénaturé, jusqu'au krach financier de 2008 et au krach politique de 2019. Pour le comprendre, il faut donc revenir cinquante ans en arrière, au fil des « années en 9 » – celles dont le millésime se termine par le chiffre neuf. Étranges années, qui semblent révéler toutes les tensions accumulées au cours de la décennie qu'elles ferment. Ces années en 9 marquent plus que les autres l'évolution idéologique qui fait se succéder les cycles antagonistes, ponctués par des crises. De 1969 à 2019, c'est l'histoire de la jeunesse, de la maturité et du déclin de la génération libérale.

Nos crises d'aujourd'hui ne sont en effet que l'aboutissement de ce long dérèglement – au sens le plus littéral, la disparition des règles et des frontières. C'est la mondialisation qui a malmené l'organisation de nos pays mise en place après la guerre. Organisation économique tout d'abord. La disparition, ou l'effacement des frontières, a eu en effet un impact considérable sur la distribution des richesses et des revenus. Abaisser les frontières nationales en supprimant les réglementations ou les taxes, c'est faciliter la circulation du capital et des entreprises, qui se fixent alors dans les régions les plus compétitives. C'est donc mettre en concurrence ceux qui proposent leur capacité de travail, en particulier les non-qualifiés ou les faiblement qualifiés. Dans un marché ouvert comme l'Europe, Peugeot a désormais le choix de faire fabriquer la 308 en France ou en Slovaquie, où les salaires sont trois fois plus faibles que chez nous alors que la productivité n'y est pas moins bonne. Inutile de s'interroger longtemps sur la décision qu'a prise le constructeur.

Le théorème Mbappe

Cette liberté conquise par les entreprises au fil des années quatre-vingt-dix a été profitable au consommateur, qui paye les produits industriels beaucoup moins cher qu'auparavant. Mais elle s'est traduite par une double pression sur le travail non qualifié. Sur sa rémunération tout d'abord, puisque toute augmentation de salaire détériore la compétitivité du producteur, dans un univers de concurrence élargi où d'autres font la même chose que lui pour moins cher. Et sur la quantité de travail disponible, puisque la concurrence est justement une incitation à délocaliser ou à remplacer le travail humain par des machines.

À l'autre extrémité de l'échelle des revenus, chez les très qualifiés, la mondialisation a eu l'effet exactement inverse. Car elle a démultiplié les opportunités de carrière et d'enrichissement. Plus les talents sont rares, plus le phénomène est spectaculaire. Le joueur de football Kilian Mbappé gagne ainsi 17 millions d'euros par an, alors que son lointain prédécesseur, Dominique Rocheteau, star de l'équipe de Saint-Étienne dans les années soixante-dix, qui avait exactement le même talent, ne percevait que l'équivalent de 125 000 euros actuels. Le prix d'un attaquant exceptionnel a donc été multiplié par 136 en quarante ans. Tout simplement parce que la mondialisation des droits de retransmission et des publicités a fait bondir au moins autant les perspectives de profits pour les clubs. Le mouvement a été identique pour les patrons et les chanteurs. Et il est analogue, quoique plus modeste, pour les ingénieurs ou les designers.

La disparition des frontières, en élargissant le marché, modifie les prix et les salaires qui prévalaient dans un espace national. Toutes les ressources abondantes voient leur prix baisser, alors que la valeur des facteurs rares s'apprécie au contraire. Sur trente ans, ces mouvements sont d'une puissance considérable, d'autant qu'ils ont été encore accrus par les évolutions de la fiscalité. La progression des inégalités dans le monde, maintes fois soulignée par les économistes, trouve ici sa principale explication : l'abaissement des frontières a fait exploser les hiérarchies sociales patiemment élaborées dans les communautés nationales. Et c'est l'une des causes du populisme.

La concurrence entre les nations a aussi contribué à désarmer les gouvernements. Par exemple en matière fiscale : dès lors que les frontières sont ouvertes, le rapport de force avec les contribuables les plus mobiles, les entreprises et les détenteurs de capital, se détériore. L'État perd alors la maîtrise du levier fiscal, il est contraint de s'aligner sur ce que font les pays voisins, faute de quoi son économie se dévitalise au profit des territoires rivaux. C'est pour cela que le président français a supprimé l'ISF et abaissé la taxation des dividendes – c'était tout simplement indispensable, dans un environnement ouvert. Idem au plan monétaire, où la liberté de circulation des capitaux a conduit les gouvernements à se départir de la gestion de la monnaie, au profit de banques centrales émancipées de la tutelle politique. Sans oublier la privatisation, non pas seulement des entreprises industrielles ou financières classiques, ce qui est souhaitable, mais celle des monopoles naturels comme les infrastructures de transport, qui est plus que discutable.

Tout cela a rétréci la sphère politique nationale, donnant le sentiment que les gouvernements élus n'ont plus de prise sur l'organisation sociale et économique des pays. L'Europe a bien tenté de mutualiser la souveraineté, en mettant au point un système de prise de décision collective. Mais lui aussi est désormais vécu comme une aliénation, une dépossession au profit des « technocrates » de Bruxelles, ignorant des réalités nationales. Alors que l'Europe avait été conçue pour faire levier des souverainetés nationales au profit d'un ensemble plus puissant, l'abaissement des frontières exacerbe au contraire le sentiment de dépendance vis-à-vis de l'étranger. Il y a là bien sûr la source première du regain nationaliste qu'on observe sur tout le continent. Et celle de la désarticulation du système multilatéral, qui était basé sur l'élaboration du compromis, c'est-à-dire de la reconnaissance de l'interdépendance et du renoncement, au moins partiel, à l'ambition nationale.

Géographie et lutte des classes

Nos crises de 2019 ont donc toutes trois la même origine, l'excès de liberté, le démantèlement des frontières, initié dans l'enthousiasme il y a cinquante ans parce qu'il offrait des promesses d'épanouissement individuel et de développement économique sur la base de valeurs universelles. Au fil des ans, ce libéralisme s'est transformé et déformé, au point de favoriser lui aussi les rentes, celles de la finance par exemple. Peu à peu, à partir de la moitié des années quatre-vingt-dix, les rentiers du libéralisme ont pris l'ascendant et infléchi à leur profit le partage des richesses dans nos sociétés.

Ce détournement de l'esprit du libéralisme a produit chez nous des sociétés clivées, maintes fois analysées. Si les frontières nationales ont disparu, d'autres délimitations géographiques infranchissables sont apparues, à l'intérieur même des nations. Celles qui délimitent la richesse et les opportunités, désormais concentrées sur un petit tiers du territoire, plutôt dans les villes, plutôt sur les côtes. La géographie est devenue une clé de lecture essentielle, sociale et politique. Dans les zones reléguées et désolées au plan économique triomphent en effet les populistes, et cela quel que soit le pays. L'analyse des cartes électorales du référendum sur le Brexit et de l'élection présidentielle américaine, en 2016, des élections législatives italiennes et de la présidentielle française sont incroyablement similaires. Alors que naguère le vote procédait de l'histoire, de la religion, de la structure familiale et démographique et bien sûr de la classe sociale, il est aujourd'hui déterminé par les coordonnées de latitude et de longitude du foyer, ce positionnement sur la carte formatant la vie des habitants, leur futur et celui de leurs enfants, avec une rigueur d'airain.

Le monde libéral a dynamité sa classe moyenne, éclatée entre le tiers supérieur, qui a rejoint les élites et habite dans les zones qui leur sont dévolues, alors que les deux tiers restants peinent pour maintenir leur niveau de vie, taraudés par l'inquiétude du déclassement. Or, cette classe moyenne était le meilleur antidote contre la lutte des classes, parce qu'elle atténuait l'antagonisme entre les groupes sociaux, en facilitant le passage des individus de l'un à l'autre de ces groupes, parfois sur plusieurs générations. La classe moyenne disparaissant, la lutte des classes réapparaît… Justement sous les traits du vote populiste.

Nul doute que ces tensions ne produisent un monde fort différent de celui auquel nous sommes habitués. Car c'est désormais le besoin de protection qui prévaut, au détriment du désir de liberté, qui avait été l'aiguillon du cycle libéral. Autorité, retour de l'État, rehaussement des frontières, voilà ce qui nous attend. Non pas seulement pour les mois ou les années qui viennent, mais pour les décennies à venir.

Cycle idéologique et générations

Si l'on se fie à l'Histoire, ces cycles idéologiques sont en effet longs. On en voit la trace depuis le début du capitalisme, comme s'ils lui étaient consubstantiels. Dans ce cycle, deux périodes opposées se succèdent : une première libérale, de plusieurs décennies, et une seconde protectionniste, d'une durée comparable. La période libérale est toujours conclue par un krach financier – celui de 1873, de 1929 ou de 2008 – et une crise qui débouche sur la remise en cause des élites et de leur philosophie économique. En 2019, nous en sommes justement à ce point-là. Suit alors la période étatiste, ponctuée souvent elle aussi par une crise, causée par la sur-réglementation. Comme si nos sociétés étaient toujours à la recherche du point d'équilibre entre le trop de liberté et le trop de règles, et que le balancier partait toujours trop loin, au point de provoquer une secousse et un mouvement idéologique inverse. L'excès de protection fait renaître le désir de liberté qui, trente ou quarante ans plus tard, ressuscite le besoin de protection.

L'inversion idéologique se produit sous l'effet de la crise, qui met à jour les mécanismes viciés soit du libéralisme intempérant, soit de la réglementation excessive. Elle est déclenchée par la génération nouvelle, qui se détermine toujours contre celle qui l'a précédée. Le cycle libéral actuel a ainsi été initié par la génération née juste après la guerre, celle des baby-boomers, qui contestait la société de ses parents et l'ordre qu'ils tentaient d'imposer. Et si les parents étaient si attachés à l'ordre social, c'est sans doute parce qu'ils s'étaient eux-mêmes déterminés contre les désordres extraordinaires de la première moitié du XXe siècle… Suivant cette logique, on peut pressentir que les enfants des baby-boomers récuseront, à leur tour, la société de leurs parents, non pas parce qu'elle est trop rigide, mais au contraire trop permissive.

Il n'y aurait donc pas véritablement de progrès, mais une oscillation perpétuelle d'un excès à l'autre, au rythme de la succession des générations, chacune étant conduite à prendre le contre-pied de celle qui l'a précédée, ce qui la précipite dans les mêmes désirs – et les mêmes illusions – que celle de ses grands-parents. Tout aussi troublant, ce cycle est mondial, tous les pays étant synchronisés sur le même calendrier idéologique. Il serait d'une durée relativement constante, soixante-dix à quatre-vingts ans – en gros la durée d'une vie humaine. Comme si la disparition d'une génération provoquait la renaissance des illusions, faute de témoins vivants pour rappeler les erreurs commises...

Certes, l'idée de ce cycle n'est guère conforme aux canons de la rationalité. Elle malmène le concept même de raison économique, en en faisant un objet relatif, déterminé tantôt par le besoin de protection, tantôt par le désir de liberté, selon ce qui prévaut dans la société. Elle sous-entend que l'économie ne serait qu'un domaine secondaire, dont l'orientation idéologique est déterminée non par la science et l'expérimentation, mais par la pulsion dominante dans la société. Et pourtant, n'observe-t-on pas des modes justement, dans les préconisations des économistes, à trente ans d'écart ? Milton Friedman, le libéral de l'université de Chicago qui a inspiré Reagan en 1980, était aux antipodes de Keynes, qui avait été l'artisan des accords de Bretton Woods, en 1944, et l'analyste de la grande crise des années trente. Et Friedman n'a-t-il pas été à son tour remisé au placard après le krach de 2008, qui a réhabilité l'intervention de l'État et une forme de keynésianisme, alors que le laisser-faire avait conduit à la paralysie de l'économie mondiale ?

Sur aucune des grandes questions économiques, il n'y a de vérité intemporelle qui vaille indépendamment des circonstances. L'hypothèse d'un cycle idéologique a le mérite de proposer un cadre et une explication à la succession d'affirmations contradictoires au fil des décennies. Quant au rôle joué par la génération, promoteur des idées « nouvelles » et de la révolution qu'elles opèrent, il suffit d'observer autour de soi. Il est difficilement contestable que les membres d'une même génération partagent des références culturelles et historiques, une façon de s'informer et de se situer par rapport aux autres. Que cet ensemble de valeurs modèle l'organisation de la société et le partage des richesses, au moins lorsque la génération est en âge d'exercer son influence en détenant les postes de pouvoir en politique et dans l'entreprise, n'aurait rien d'étonnant.

C'est ainsi que l'influence d'une génération progresse à mesure qu'elle s'intègre dans la société, et qu'elle reflue lorsqu'elle part à la retraite, pour s'éteindre lorsqu'elle meurt. Le libéralisme est en train de s'effacer, tout simplement parce que la génération qui le porte, celle des baby-boomers, est elle aussi en train de s'effacer. L'un de ses hérauts français, Johnny Hallyday, n'est-il pas mort l'année dernière ?

De la liberté à la protection

Cette hypothèse des cycles a donc des points d'appui dans la psychologie collective et la démographie. Et elle offre un cadre qui explique bien les alternances idéologiques qu'on a observées dans les siècles précédents. Dès la première mondialisation, lors des grandes découvertes de la fin du XVe siècle, l'ouverture des frontières crée des fortunes considérables chez les aventuriers et les pillards revenant du Nouveau Monde, qui choquent parce qu'elles bousculent l'ordre social traditionnel. Des inégalités qui résonnent d'autant plus que les élites de l'époque, catholiques en particulier, sont elles aussi contestées pour rechercher leurs seuls pouvoir et fortune propres – n'est-ce pas le temps du pape Borgia ? Il n'en faudra pas davantage pour provoquer, quelques années plus tard, un violent contrecoup idéologique : la réforme protestante. L'historien britannique Harold James rappelle fort à propos que l'un des textes les plus importants de Luther est consacré à la critique du commerce lointain et de l'usure, stigmatisés comme des pratiques amorales… Luther a été ce que nous aurions appelé aujourd'hui un populiste, critique des élites et altermondialiste.

Plus récemment, l'Europe a connu un cycle libéral extraordinaire en 1848, avec le printemps des peuples, éclosion de révolutions politiques simultanées qui enflamment l'Europe « comme un feu de brousse », pour reprendre l'expression d'Eric Hobsbawm, ressemblant à notre 1989 avec la chute du Mur. Suit un quart de siècle de libéralisme et d'ouverture des frontières, avec le Second Empire chez nous, qui sera conclu par un retentissant krach financier, en 1873, suivi de la Grande Dépression. Vingt-cinq ans de protectionnisme et de retour de l'État pour tenter de ranimer l'activité économique défaillante et de purger les dettes accumulées.

Et comment ne pas parler des années trente et du retour de l'autoritarisme économique et politique, du protectionnisme, après les années dites « folles », la décennie 1920, qui avaient vu la restauration du libéralisme et du monde ouvert qui prévalait avant la Grande Guerre ? Entre ces deux périodes antagonistes, un krach, celui de 1929, qui marque comme toujours la césure idéologique.

Il serait possible de multiplier ainsi les exemples pris tout au long de l'histoire du capitalisme moderne, en pointant à chaque fois un cycle divisé en deux parties presque symétriques. Certes, le mouvement n'est pas d'une précision millimétrique. Ici, la durée de la rotation n'est que de cinquante ans. Là, les deux guerres mondiales si rapprochées déforment l'évolution du cycle. Mais à chaque fois, l'on retrouve l'alternance qui fait ouvrir et refermer les frontières. À chaque fois, les nouvelles technologies de l'époque décuplent l'énergie libérale – et la spéculation financière – dans la phase d'ouverture. C'est tantôt le train, l'électricité ou l'internet. À chaque fois, le cycle et son développement révèlent l'ascension d'une nouvelle puissance mondiale, qui s'oppose violemment au tenant du titre : l'Italie au XVIe siècle, les Pays-Bas au XVIIe, la France au XVIIIe, le Royaume-Uni au XIXe, les États-Unis au XXe et la Chine aujourd'hui.

De façon curieuse, on l'a vu, les pays anglo-saxons ont été précurseurs lors des dernières inflexions, étant les premiers à changer de pied, et fournissant la matière idéologique aux révolutions planétaires qu'ils ont déclenchées, avec Keynes et Friedman notamment. Au XIXe siècle, ce sont déjà les Anglais qui ont déclenché le cycle libéral des années 1840-70, en abolissant les « corn laws », ces réglementations protectionnistes qu'ils avaient mises en œuvre en 1815 pour protéger leur agriculture. Faut-il y voir l'effet du pragmatisme anglo-saxon, revendiqué par Keynes qui affirmait ne pas hésiter à changer d'avis lorsque les faits eux-mêmes changeaient ? De façon tout aussi curieuse, la France, plus rigide que son voisin britannique, était en retard lors des deux derniers changements. En 1981, alors que le monde entier libéralise à la suite de Reagan et Thatcher, elle vote pour un président socialiste soutenu par les communistes, qui nationalisera une part importante de l'économie. Et en 2017, alors que le monde entier vote pour le retour des frontières et une forme de nationalisme économique, les Français se donnent un président libéral et européen, Emmanuel Macron, complètement à contretemps.

Il y a fort à parier que, tout comme Mitterrand a fini par prendre les habits de l'époque et devenir le promoteur de l'Europe et du libéralisme économique, Macron ne se transforme dans les années qui viennent, pour répondre à la demande politique. La crise des gilets jaunes, qui a mis en péril son mandat, peut s'interpréter comme une expression de son décalage.

Reste une question d'importance pour 2019. Peut-on prévoir l'avenir en plaquant sur les temps qui viennent la mécanique observée dans le passé ? La réponse de ce livre est sans détour : oui. Il n'y a aucune raison pour que l'époque moderne échappe aux déterminants de la psychologie collective qui ont dominé nos prédécesseurs. Car s'il y a très peu de chances que nous soyons plus bêtes qu'eux, il y en a tout aussi peu pour que nous soyons plus intelligents. Nous sommes probablement à la veille d'un grand basculement idéologique, que jamais les baby-boomers n'auraient cru possible.

Mais pour comprendre vers quel monde nous nous dirigeons, il faut d'abord refaire le chemin que nous avons fait. C'est-à-dire remonter à l'origine du cycle libéral. Et parcourir ces « années en 9 », qui sont autant de balises marquant la naissance, l'apogée et le déclin du libéralisme moderne. Et en fait de libéralisme, 1969 est un point de départ générationnel.

1969

À l'origine

« Trois jours de paix et de musique. Promène-toi pendant trois jours sans voir un gratte-ciel ou un feu rouge. Fais voler un cerf-volant. Fais-toi bronzer. Cuisine toi-même tes repas et respire l'air pur. » Ainsi était libellée la publicité pour inciter les jeunes à se rendre au festival de Woodstock, dans les Catskills et leurs collines, près de New York, du 15 au 17 août 1969. Après s'être vu refuser d'innombrables sites par les riverains, les organisateurs s'étaient réfugiés dans le champ qu'un fermier leur avait loué. Ils attendaient cinquante mille personnes. Il en viendra dix fois plus, causant, dit-on, le plus grand embouteillage de tous les temps aux États-Unis. Au point de retarder l'ouverture car les artistes prévus pour le premier concert n'ont pas pu arriver.

Trois jours de paix et de musique pour célébrer la culture hippie, à son apogée cette année-là : pacifisme et « flower power », refus de l'autorité, libération sexuelle. Et, par-dessus tout, la célébration de la liberté de l'individu face à une société vécue comme opprimante. Trente-deux groupes vont se succéder sur la scène, avec les plus grands : Jimi Hendrix, Janis Joplin, Joe Cocker, les Who… Tout ce que l'Amérique compte de chanteurs et de groupes pop défile devant la foule chevelue et passablement enfiévrée par des substances que la morale et la police réprouvent. Les enfants de la classe moyenne américaine, portée par l'accélération de la croissance d'après-guerre, communient dans une contestation bon enfant.

Horloge mystérieuse

Alors que se tient cette grande fête libertaire, la jeunesse est en ébullition, sur la planète entière. En Amérique, avec les manifestations incessantes contre la guerre du Vietnam dans laquelle le pays s'enlise. En France, avec les événements de Mai 1968, allumés dans les facultés, qui peu à peu entraînent les syndicats et paralysent le pays au point de déclencher une crise politique de premier ordre. En Allemagne, où les jeunes menés par Rudi Dutschke contestent la toute jeune démocratie issue de la reconstruction après la Seconde Guerre mondiale. En Tchécoslovaquie, où un étudiant, Jan Palach, s'immole par le feu sur la place Wenceslas de Prague en janvier 1969, pour protester contre l'invasion de son pays par les Soviétiques, qui venaient réprimer le « printemps de Prague ». En Chine, où la jeunesse est violemment déchaînée contre la génération qui précède, lors de la Révolution culturelle déclenchée par le vieux Néron chinois, Mao Zedong, pour éliminer la culture d'avant et ses opposants politiques.

À quelle horloge mystérieuse la génération des baby-boomers a-t-elle répondu, pour se soulever ainsi contre l'ordre établi, en tous points du globe ? Elle s'ébroue de façon parfaitement synchrone, par-delà les différences de culture et de régime politique. Elle s'oppose en tout point au monde de ses pères. Elle récuse « la société », construite par la génération précédente sur les ruines des deux guerres et de la grande crise. Alors que leurs parents voulaient de l'ordre et de la protection, pour avoir vécu les désordres extraordinaires de la première moitié du siècle, eux s'orientent à l'exact opposé : ils veulent de la liberté. Liberté individuelle, liberté sexuelle, liberté politique, liberté de faire comme bon leur semble – « il est interdit d'interdire », voit-on fleurir sur les murs. « La société », c'est ce collectif qui asservit l'individu à un tout dans lequel ils ne se reconnaissent pas. Ni dans ses valeurs ni dans son mode de vie. Et encore moins dans ce qu'ils appellent l'« impérialisme » de l'Occident, de l'Amérique en particulier. La société, c'est l'oppression. Même dans les sociétés capitalistes de la guerre froide – et peut-être surtout dans ces sociétés, pensent-ils.

Comme toujours, la jeune génération se détermine contre celle qui l'a précédée. Et cette fois-ci, elle a pour elle la démographie : les baby-boomers sont plus nombreux que les générations d'avant. « Une lame de fond », dira Jacques Chaban-Delmas, Premier ministre de la France, un soir de 1969, où il est invité à s'exprimer par le journal économique *Les Échos*, expliquant qu'il y a « deux fois plus de garçons et de filles à l'âge de vingt ans que de (s)on temps ». À l'origine de la pulsion libertaire qui va s'amplifier dans les décennies d'après, il y a aussi un phénomène démographique exceptionnel, le baby-boom.

Dévaluation et modernité

La France d'alors est en effet corsetée. La loi Neuwirth, qui autorise la contraception, ne date guère que de décembre 1967... Quant à l'avortement, il est encore interdit. Le mariage reste la norme. Au plan économique, la France est un pays administré par un État qui intervient à tout propos : l'enveloppe de crédit allouée aux entreprises est fixée par la puissance publique, le commerce international est bardé de restrictions à l'importation. Au ministère des Finances existe un « directeur du Commerce intérieur et des Prix », c'est Jean-Pierre Fourcade. L'État fixe les salaires dans le « secteur nationalisé ». Syndicats et patronat discutent en permanence pour partager « les fruits de la croissance » dans d'interminables négociations ponctuées de grèves incessantes.

Les milieux économiques s'inquiètent de la perte de compétitivité du pays, à peu près dans les mêmes termes qu'aujourd'hui. *Les Échos* du 19 mai 1969 constatent ainsi que la France connaît des échanges déficitaires avec tous les cinq autres membres de la Communauté économique européenne, créée une douzaine d'années auparavant : « nous risquons d'être progressivement effacés de la carte européenne », redoute ainsi le quotidien économique de l'industrie.

En mars, après la secousse des révoltes étudiantes, le président de Gaulle annonce la tenue d'un référendum sur la décentralisation, en liant son sort personnel au résultat. Les Français comprennent le message, et le congédient le 27 avril. Le 28, il est parti. C'est son Premier ministre, Georges Pompidou, qui se fait élire à l'Élysée. Lors de sa première conférence de presse présidentielle, il formalisera, le premier, une politique qui tiendra ses successeurs pendant cinquante ans, avec de plus en plus de force : ouverture européenne, rejet du protectionnisme, lutte contre l'inflation et secours apporté aux victimes des mutations industrielles. Le 17 juillet, le « plan Barre » est adopté, du nom du vice-président de la Commission européenne, qui jette les bases de la coopération monétaire entre les pays membres de l'Europe, pour diminuer l'instabilité des changes, la spéculation et les dévaluations qui perturbent les échanges commerciaux au sein du Grand Marché.

Pour contrer les effets de la hausse de 30 % du salaire minimum, après les événements de 1968, la France se trouve contrainte de dévaluer sa monnaie, de 12,5 %, en 1969. Comme à l'habitude, la nouvelle est annoncée un dimanche, qui plus est au mois d'août, alors que le pays est en vacances, de façon à limiter la fuite des capitaux. La politique économique est dominée par la « contrainte extérieure », c'est-à-dire notre déficit commercial persistant et la nécessité de le financer par des arrivées de capitaux. Incapable de régler sa compétitivité par le dialogue social, la France a adopté la bonne vieille technique de la dévaluation. Après un conflit social, les patrons lâchent sur les salaires. Et après l'augmentation, l'État dévalue, pour reprendre d'une main ce qui a été donné de l'autre.

À cause de cette mauvaise habitude, la spéculation contre le franc français est permanente. Et les Français fortunés tentent de faire passer leur argent en Suisse, en bravant le contrôle des changes, non pas tant pour éviter l'impôt que pour se protéger contre la dépréciation de leur capital. Pendant ce temps-là, l'Allemagne fait le chemin monétaire inverse. À l'automne, le Deutsche Mark est réévalué de près de 10 %.

Mais la modernité pointe. Technologique d'abord, avec le premier vol d'un avion supersonique construit par les Français et les Britanniques, le Concorde, le 2 mars 1969. Quelques mois plus tard, c'est le vingtième SICOB, le Salon des industries et du commerce et de bureau, qui se tient à la Défense, où sont présentées les nouveautés informatiques. On y voit cette année-là des magnétoscopes couleur, et le dernier-né de l'informatique française, l'IRIS 50, qui fait la taille de plusieurs armoires juxtaposées. Les supermarchés, arrivés en 1963 avec le premier magasin Carrefour, installé en banlieue parisienne, ne cessent de se développer sur le territoire. Au point que les commerces alimentaires de petite taille, magasins familiaux, deviennent invendables. En février 1969, les halles de Paris quittent la capitale pour s'installer à Rungis. Peu après, le premier tronçon du RER est inauguré.

C'est bien sûr aux États-Unis que la poussée technologique est la plus forte. IBM détient la technologie informatique la plus avancée – Apple ne sera créé qu'en 1976, sur l'idée du micro-ordinateur. En 1969, un message de quelques caractères circule pour la première fois entre des ordinateurs reliés entre eux par télécommunications, de part et d'autre des États-Unis – c'est le réseau Arpanet, ancêtre d'internet. Et les Américains réussissent un coup qui force l'étonnement et l'admiration du monde entier : au cœur de l'été 1969, ils parviennent à se poser sur la Lune, avec la mission Apollo, qui débarque des hommes sur la mer de la Tranquillité.

L'enjeu de la conquête de la Lune, tel qu'il avait été fixé par John Fitzgerald Kennedy, n'est pas seulement technologique. Il s'agit d'afficher la supériorité du monde libre sur l'Union soviétique, lancée elle aussi dans l'équipée lunaire. La lutte des deux superpuissances s'est déplacée dans l'espace, après avoir investi la Terre. En 1968, Moscou était intervenu en Tchécoslovaquie pour réprimer l'expérience libérale conduite par Alexander Dubček, le Premier ministre, en envoyant les chars. La « doctrine Brejnev », du nom du maître du Kremlin, n'autorisait en effet qu'une souveraineté limitée chez les pays « frères », membres du pacte militaire de Varsovie. Sur le front asiatique, les Russes aidaient massivement les communistes vietnamiens dans leur guerre contre l'impérialisme américain. La menace soviétique est telle que les démocraties d'Europe du Nord comme la Suède prônent, avec l'arrivée du Premier ministre social-démocrate Olaf Palme, la neutralité dans cette guerre froide qui menace à tout instant de se réchauffer.

À Washington, c'est Richard Nixon qui a été élu à la Maison Blanche. Il prend ses fonctions le 20 janvier, alors que la guerre du Vietnam coûte de plus en plus cher, en vies humaines et en milliards de dollars. Au plus fort du conflit, il y a quelque 500 000 Américains engagés dans la péninsule indochinoise. L'offensive du Têt, quelques mois plus tôt, conduite par les vietcongs communistes en direction du Sud et de son régime soutenu par les Américains, choque l'opinion publique américaine en lui montrant la détermination de ses adversaires. Et en faisant comprendre aux électeurs que, contrairement à ce que leur disait le président au début de l'expédition, la guerre ne sera pas gagnée facilement. Nixon arrive au beau milieu de ce désastre. Aidé de son conseiller Henry Kissinger, il cherche à prendre à revers l'ennemi soviétique, qui gagne du terrain sur tous les continents.

Messages pékinois

Curieusement, cette préoccupation est partagée à l'autre bout de la terre, en Chine. L'empire du Milieu est alors reclus et ravagé par les désordres sanglants de la révolution culturelle. Et le vieux Mao est inquiet, lui aussi, de l'évolution soviétique. Les relations fraternelles entre les deux géants rouges ont viré à l'aigre depuis quelques années, à cause de divergences idéologiques et de conflits territoriaux. De temps en temps, une escarmouche fait quelques morts. Et la répression du « printemps de Prague » a confirmé les craintes de l'expansionnisme soviétique que les Chinois redoutent.

En 1969, Chine et Amérique ont donc toutes deux intérêt à malmener Moscou. Les relations entre les deux pays sont alors inexistantes, parce que les États-Unis ne reconnaissent qu'une Chine, celle de la petite île nationaliste de Taïwan, les « renégats » pour Pékin. Et voilà qu'un beau jour de 1969, un signal arrive à Washington. Les trains d'armement qu'affrètent les Soviétiques à destination de leurs alliés vietnamiens restent mystérieusement bloqués sur le territoire chinois. Une façon de dire aux Américains que l'alliance qu'avaient nouée Mao et Staline avait vécu. Mao envoie aussi un message à Moscou : deux bombes nucléaires chinoises explosent, à quelques jours d'intervalles, non loin de la frontière avec la Mongolie et des troupes soviétiques qui y stationnent.

C'est alors que germe dans l'esprit de Kissinger l'idée de jouer la « carte chinoise » : amorcer un rapprochement avec les communistes de Pékin pour isoler ceux de Moscou, alors plus dangereux parce que bien mieux équipés au plan militaire et intervenant dans les affaires du monde, pour faciliter leur sortie du Vietnam. Dans les dix-huit mois qui suivent, les signes envoyés d'une rive du Pacifique à l'autre se font de plus en plus fréquents. Jusqu'à la « diplomatie du ping-pong » : l'équipe de tennis de table de Pékin se rend au Japon, pour affronter les États-Unis, un voyage bientôt suivi du match retour, où ce sont les Américains qui vont à Pékin, reçus par Zhou Enlai lui-même. Kissinger se rend ensuite à Pékin, lors d'un voyage secret – il prétexte des ennuis de santé à soigner au Pakistan – où il offrira à ses hôtes chinois un morceau de roche lunaire.

En février 1972, c'est le président Nixon qui fera la première visite présidentielle à Pékin, accompagné de 250 journalistes et de plusieurs avions cargos chargés de matériel, y compris, au grand émerveillement des Chinois, de photocopieurs. Lorsqu'il reviendra en Chine, vingt ans plus tard, à Hangzhou, près de Shanghai, sidéré par le développement du pays, il s'exclamera : « J'aime à penser que j'y suis pour quelque chose ! » Sans doute Nixon a-t-il été trop modeste. Car avec ce voyage qui fait la une sur la planète entière, il a ouvert la route stratégique, financière et commerciale la plus importante du demi-siècle qui suivra.

Cycle libéral

Pendant ce temps-là, l'Europe se remet à son projet. Durant toutes les années soixante, l'intégration était en sommeil, largement à cause de la France et de la « politique de la chaise vide » pratiquée par le général de Gaulle, ainsi que par les incessantes crises agricoles. Le départ du Général, à la suite du référendum du printemps, rouvre le jeu. Georges Pompidou reprend l'initiative, avec le nouveau chancelier allemand, le social-démocrate Willy Brandt, arrivé lui aussi au pouvoir en 1969. Un sommet est convoqué pour le début décembre, dans la ville de La Haye, aux Pays-Bas, qui marquera la relance de l'aventure européenne : les candidatures de nouveaux membres, le Royaume-Uni et le Danemark notamment, sont acceptées dans leur principe. Et un comité piloté par le luxembourgeois Werner est créé, pour baliser la route de l'union économique et monétaire. Déjà.

En 1969, l'actualité économique européenne est en effet dominée par les crises monétaires, en particulier en France et en Italie, tandis que les pays du Nord réévaluent leurs devises grâce à leurs excédents commerciaux qui font affluer les capitaux. Déjà, le continent est coupé en deux hémisphères de culture économique et financière radicalement différente. Mais tous conviennent que l'instabilité a un coût élevé pour la croissance et l'emploi.

La situation monétaire ne fait qu'empirer en août 1971, lorsque les États-Unis déclarent que leur monnaie, le dollar, n'est plus convertible en or. Depuis les accords de Bretton Woods, à la fin de la Seconde Guerre mondiale, le dollar était convertible à prix fixe : un trente-cinquième d'once d'or. Toutes les autres monnaies étaient liées elles-mêmes au billet vert par des taux de change fixes et ajustables. Mais la situation économique des États-Unis se détériore à la fin des années soixante. Le coût très élevé de la guerre du Vietnam et celui de la conquête spatiale déséquilibrent le budget, tandis que l'Amérique connaît alors son premier déficit commercial au XXe siècle…

Washington ne peut plus garantir la convertibilité, sauf à courir le risque de voir disparaître toutes ses réserves de métal jaune.

La décision américaine, qui débouche rapidement sur le flottement généralisé des monnaies, est capitale. C'est elle qui est à l'origine de l'extraordinaire croissance des marchés financiers et monétaires mondiaux qui se produira dans les décennies suivantes. Jusqu'en 1971, la création monétaire était bornée, au moins théoriquement, par la quantité d'or ensevelie à Fort Knox, aux États-Unis, première puissance mondiale. Avec le flottement, les règles internationales changent. Ou plutôt elles disparaissent. Au sortir de la guerre, les vainqueurs étaient parvenus à s'entendre pour construire un cadre stable. Trente ans plus tard, la guerre est loin… Et ce qui est désormais considéré comme un carcan saute. Milton Friedman, l'économiste libéral qui règne sur l'université de Chicago, prône d'ailleurs le flottement des monnaies, estimant que le jugement des investisseurs contraindra davantage les politiques économiques qu'un ensemble de règles devenues artificielles.

Au tournant des années soixante et soixante-dix, tout est donc prêt pour l'essor du cycle libéral. La génération des baby-boomers a fait éclore, dans la société, un besoin de liberté et d'épanouissement individuel qui ne fera que s'amplifier dans les décennies qui suivent. Au plan économique, le cadre international élaboré au sortir de la guerre commence à éclater sous la poussée de l'endettement des États-Unis, victimes, comme tous les empires fatigués, de « sur-extension », selon la formule de l'historien Paul Kennedy : ils n'ont plus les ressources suffisantes pour investir leurs nouvelles conquêtes, l'espace, et maintenir les anciennes, l'Asie du Sud-Est. À l'autre bout du monde, l'acteur clé de la mondialisation à venir, la Chine, amorce le premier geste d'ouverture qui va la connecter à l'économie planétaire. Tandis que dans un laboratoire universitaire californien, l'association de l'informatique et des télécommunications préfigure la technologie qui va corroder tous les pouvoirs et donner à l'individu des facultés d'expression sans limite, l'internet.

1979

La force de l'âge

L'année s'ouvre avec une affiche électorale placardée dans les rues de Londres : « Labour isn't working ». Le parti travailliste, ça ne marche pas. On y voit une longue file de chômeurs qui serpente sur fond clair et, tout en bas, un slogan : « La Grande-Bretagne serait mieux avec les conservateurs ». La création sera élue par des publicitaires, quelque vingt années plus tard, comme l'affiche du siècle. Et nul doute qu'elle n'ait aidé au succès électoral d'une fille d'épicier, diplômée du prestigieux collège d'Oxford en chimie, Margaret Thatcher, qui avait pris la tête du parti de la droite quatre années auparavant, contre Edward Heath.

Ce slogan cristallise le sentiment de déclin

qu'ont les Britanniques, au tournant des années quatre-vingt, toujours nostalgiques du temps où ils dominaient le monde sous l'égide d'une autre femme, la reine Victoria. Rien ne marche en effet. Les grèves se multiplient, qui paralysent le pays. Celle des camionneurs. Celle des éboueurs. Celle des employés du secteur public. Des dockers. Des mineurs. Des fossoyeurs, à Liverpool, qui provoque un entassement de cercueils et force la municipalité à envisager de les jeter à la mer, pour toute forme de sépulture. Les coupures d'électricité sont incessantes, y compris dans les grands magasins, forçant les clients à errer dans le noir. Peu auparavant, le Royaume-Uni a été contraint de solliciter un prêt du Fonds monétaire international, comme ceux qu'on appelait alors les pays en voie de développement. L'humiliation.

Hayek avec un sac à main

L'inflation explose – elle avait atteint 27 % en 1975, le chiffre le plus élevé du XXe siècle, y compris les années de guerre. D'où les grèves pour demander des augmentations de salaire. Le *Sun*, l'un de ces journaux populaires anglais au tirage impressionnant, évoquera ces troubles dans un éditorial resté célèbre sous le terme de « L'hiver du mécontentement ». Ce sont les travaillistes, la gauche britannique, qui sont alors au pouvoir. James Callaghan, le Premier ministre, lorsqu'il est questionné sur les grèves à répétition, balaye les critiques et dément toute paralysie du pays. L'une de ses interviews s'attirera la critique ironique du *Sun*, encore, qui, lui, titre le lendemain : « La crise ? Mais quelle crise ? ». Le Royaume-Uni est à genoux. Malmené par l'après-guerre, dépassé par son rival de toujours, la France. Et même par l'Allemagne fédérale, fondée seulement trente ans auparavant, qui accumule les succès économiques.

Margaret Thatcher a conquis les esprits du parti de droite avec une philosophie simple : « Un homme a le droit de travailler comme il veut, de dépenser ce qu'il gagne, de posséder des biens, et d'avoir l'État à son service et non pas comme maître. » « C'était

Hayek avec un sac à main », dira plus tard l'historien Niall Ferguson, évoquant le célèbre économiste libéral autrichien. Car c'est bien de liberté qu'il s'agit. Thatcher en fait une religion. Elle fait souffler un air frais dans cette société britannique essorée par l'incompétence des travaillistes et leur recours croissant à l'impôt. Dans une interview donnée au magazine *Woman's Own*, elle décrit ainsi sa philosophie politique : « Je pense que nous sommes passés par une période où trop de gens se sont dit : j'ai un problème, c'est au gouvernement de le régler. Ou : j'ai un problème, il me faut une allocation pour le régler. Je suis sans logis, le gouvernement doit s'en occuper. Ils ont mis leurs problèmes sur le dos de la société. Mais qui est la société ? Il n'existe rien de tel. Il y a des individus, hommes et femmes, des familles, et aucun gouvernement ne peut rien faire sinon à partir d'eux. Les gens doivent d'abord régler leurs problèmes eux-mêmes ».

Privatisations, suppression du contrôle des prix, du contrôle des changes, réforme fiscale pour diminuer l'impôt sur le revenu, coupes dans les dépenses publiques, augmentation des taux d'intérêt pour casser l'inflation… C'est la thérapie de choc. Sur le plan extérieur, celle qui sera surnommée la Dame de fer par un journal soviétique défend avec acharnement le camp des démocraties. Elle assoit son assise politique auprès des Britanniques avec une victoire militaire, lors de la guerre des Malouines en 1982, un bref conflit pour reconquérir ces îlots au sud de la Terre de feu, près de l'Antarctique, sur lesquels la junte argentine avait débarqué en effrayant les pingouins qui y séjournent.

Son deuxième mandat sera marqué par de terribles affrontements avec les syndicats, en particulier avec les mineurs grévistes, qu'elle fait plier après des semaines. Une victoire qui marquera un déclin sans retour de la grève dans le pays. L'économie se redresse, à la faveur d'une forte reprise mondiale. La livre sterling reprend de l'altitude, Londres redevient une capitale internationale. Et la révolution libérale va s'étendre au monde entier.

Crise à Téhéran

Au même moment, un bouleversement similaire se déroule en effet dans l'autre grand pays anglo-saxon, les États-Unis. Lui aussi subit un déclin économique et politique dans les années soixante-dix. La guerre du Vietnam, la première perdue par les États-Unis, étend encore son ombre sur la vie politique, alors que toute l'Asie indochinoise est passée sous la férule communiste. Au plan intérieur, le scandale du Watergate, qui a forcé le président Nixon à démissionner en 1975, a décrédibilisé le parti républicain et l'establishment de la capitale fédérale. C'est donc un démocrate du Sud, Jimmy Carter, qui est élu à la Maison Blanche en 1976, après le météorique Gerald Ford, le vice-président qui avait remplacé « Tricky Dicky » lorsqu'il a abandonné le Bureau ovale.

Carter, prédicateur baptiste et planteur de cacahuètes, est un homme qui ne parvient pas à s'imposer face au défi soviétique et à la menace islamiste naissante. Les dangers montent, mais lui s'entête à se proclamer champion des droits de l'homme... Il réussira bien à piloter les fameux accords de paix de Camp David, entre Israël et l'Égypte, mais le peuple américain ne lui en sait pas gré – le conflit du Proche-Orient ne remplit pas leur assiette. Le second choc pétrolier, en 1979, qui ébranle l'économie, achèvera de le fragiliser.

Les doutes que le pays nourrit sur son président se cristallisent avec une affaire qui débute au printemps 1979, à Téhéran. Curieusement, le chantre de la morale en politique qu'est Carter avait affiché un soutien sans conditions au régime du shah d'Iran, un pouvoir qui n'avait rien de démocratique et contrôlait sévèrement l'opposition au moyen d'une police secrète brutale, la Savak. Le 1er février 1979, l'ayatollah Khomeini, un dignitaire chiite qui était en exil politique en France, rentre au pays alors que la révolution islamiste débute. Il va en prendre la tête. Et le shah se réfugie aux États-Unis avec sa famille.

Le nouveau régime iranien se focalise sur

les États-Unis, le « Grand Satan » qui avait soutenu la monarchie renversée. Et il demande avec insistance l'extradition du souverain. Sans succès. Dans la folie révolutionnaire qui embrase le pays, en novembre 1979, des étudiants envahissent l'ambassade des États-Unis à Téhéran et capturent quelque cinquante personnes travaillant dans la mission diplomatique américaine. C'est la crise des otages qui commence.

Le gouvernement américain tempête, gesticule, mais rien n'y fait. La première puissance mondiale est humiliée par une horde de jeunes chiites qui lui tiennent tête et refusent obstinément de négocier si le shah n'est pas extradé. Quelques semaines plus tard seulement, à la veille de Noël, l'Union soviétique envahit un petit État montagneux à ses portes, l'Afghanistan, pour porter secours à un « régime frère ». L'Armée rouge débarque à Kaboul. C'est un nouveau point gagné par Moscou. Et un nouveau coup porté à Washington, qui voit s'étendre l'orbite stratégique de son ennemi, sans savoir encore que cette initiative marquera le début de la fin de l'empire soviétique. Le président américain, d'une naïveté peu commune, reconnaît alors « en avoir appris sur le comportement des Soviétiques davantage en quelques jours qu'en trois années passées à la Maison Blanche ». Autant dire qu'il subit les événements.

Et les avanies ne sont pas terminées. En avril 1980, Carter missionne un commando militaire pour tenter de libérer les otages de Téhéran : c'est l'opération Eagle Claw, « les serres de l'aigle », qui s'achèvera de façon calamiteuse : les hélicoptères tombent en panne en plein désert, l'un d'eux heurte un avion de transport, huit soldats américains sont tués et l'opération avorte. Humiliation, encore.

Carter aborde donc l'élection présidentielle de 1980 dans les pires conditions politiques qui soient. Toutes les nouvelles tentatives pour libérer les otages échouent. Parce que en réalité le pouvoir iranien négocie déjà avec des émissaires du candidat républicain, qui semble assuré de gagner la présidentielle : Ronald Reagan, un ancien acteur, gouverneur de Californie. Les otages seront libérés quelques minutes après le discours d'investiture de Reagan, fraîchement élu, ultime vexation adressée à Jimmy Carter. En contrepartie du dégel des milliards d'avoirs détenus par le shah aux États-Unis. Et de la promesse qu'aucune action judiciaire ne serait engagée à l'encontre des autorités iraniennes.

Un héros libéral

Ronald Reagan est le double de Margaret Thatcher. Parce que les États-Unis sont dans la même situation que le Royaume-Uni en 1979. Épuisés par un keynésianisme vieillissant, mordus par l'inflation et dominés par un sentiment de déclin. Il a conquis les Américains avec un slogan simple, qui sera repris trente-cinq ans plus tard de façon littérale par Donald Trump : *Let's make America great again.* Refaisons de l'Amérique une grande puissance. Les « reaganomics », les principes économiques du nouveau président, sont simples : moins d'État, moins de régulation et moins de taxes. Il est inspiré par l'économiste récipiendaire du prix Nobel en 1976, Milton Friedman, qui avait déjà été dans l'entourage du prédécesseur républicain de Reagan, Richard Nixon. Antithèse parfaite du Keynes des années trente, Friedman invente l'évangile libéral. Ou plutôt le ressuscite, après les guerres mondiales et la grande crise qui l'avait fait oublier. Enseignant à l'université de Chicago, il créera un puissant courant idéologique qui fonde ce que la gauche appellera le « néo-libéralisme » et influence la pensée et la recherche économiques du monde entier.

À peine arrivé, Reagan casse le mouvement social des contrôleurs aériens, en licenciant quelque onze mille grévistes. C'est l'épreuve de force fondatrice. Il déréglemente les télécommunications, organisant la scission du monopole en plusieurs compagnies de téléphone, ce qui ouvre la voie au formidable essor technologique du secteur et à la baisse des prix. Et côté fiscal, c'est une bombe.

Il réduit le taux marginal de l'impôt sur le revenu de 70 à 28 % et abaisse sensiblement la pression fiscale sur les classes moyennes. Au plan économique, l'Amérique repart, malgré un dollar très élevé, au prix d'une très forte croissance du déficit budgétaire et de la dette fédérale.

Le programme économique qui enflamme les deux rives de l'océan atlantique tient en trois mots : plus de liberté. À la racine, l'idée-force est une foi foncière dans l'individu et sa capacité à œuvrer pour le bien commun par le seul fait qu'il suit la pente de son intérêt propre. Dès lors que l'individu est affranchi des servitudes et règles qui l'entravent, la prospérité générale est à portée de main. L'État doit se borner à émettre quelques signaux simples afin de construire un environnement propice pour stimuler l'essor de l'individu. Il doit limiter la redistribution, qui encourage la passivité, et garantir la propriété privée, le socle de la stabilité sociale.

Le désir de liberté, le rejet de l'État et la contestation des règles sont autant de valeurs que nos baby-boomers avaient promues dix ans auparavant, lorsqu'ils étaient jeunes, en récusant la société et l'ordre ancien. À la fin des années soixante-dix, cette génération a grandi. Elle s'est coupé les cheveux et a trouvé du travail. Pour autant, elle n'a pas abandonné les idées de sa jeunesse. C'est alors que les baby-boomers s'intègrent dans le monde du travail que le libéralisme passe de la société à l'économie. En même temps qu'eux. Comme s'ils avaient emmené avec eux leur rêve individualiste. Comme s'ils l'avaient adapté à leur nouvel environnement, celui de l'entreprise et de la finance. Les travaux de Friedman, les slogans de Thatcher et de Reagan répondent aux aspirations de cette génération, à la fois assagie et toujours profondément éprise de liberté.

Des mouches par la fenêtre

Par une mystérieuse synchronie, la révolution libérale se produit aussi à l'autre bout de la Terre, dans un pays scarifié par un siècle de guerres, de famines et de révolution, la Chine. Elle commence dans les rigueurs de l'hiver pékinois, au temps disparu où le ciel de la capitale de l'empire communiste était d'un bleu clair et presque aveuglant. À quelques jours de l'année nouvelle, le 13 décembre 1978, le Petit Timonier Deng Xiaoping, qui a assis son pouvoir en ayant liquidé les extrémistes de gauche, prononce un discours qui va changer le monde. Intitulé « Émanciper son esprit, rechercher la vérité dans les faits et ne plus faire qu'un pour regarder ensemble vers le futur », cette harangue devant le plénum du comité central du Parti libère les puissantes forces du marché. Deng y explique que la révolution est faite, et qu'il faut désormais œuvrer pour la prospérité matérielle. Et utiliser à cette fin les diables étrangers et leur savoir-faire. C'est le début de la politique d'ouverture.

En 1979, des zones économiques spéciales seront créées, sortes de concessions à la mode ancienne où prévalent les règles

les plus brutales du capitalisme, principalement dans le sud du pays, à proximité de Hong Kong. C'est dans ces enclaves que la Chine s'éveille. Avec un droit du travail spécifique, une fiscalité clémente pour attirer les investissements étrangers et stimuler l'ardeur des apprentis capitalistes chinois, et des libertés pour commercer avec l'étranger et utiliser les devises, ces zones décollent littéralement. S'y créent les usines de l'enfer, qui n'auraient pas dépareillé dans le monde de Dickens, des fortunes soudaines, des gratte-ciel branlants, des embouteillages de camions surchargés, des karaokés où les hôtesses ne font pas que servir le cognac miteux qui chauffe les sens. « Quand on ouvre la fenêtre, les mouches entrent en même temps que l'air frais », avait dit le camarade Deng Xiaoping.

Parallèlement, les campagnes sont décollectivisées, de façon à développer une production agricole qui ne suffisait pas à nourrir le pays. Avec une rapidité stupéfiante, l'« économie socialiste de marché », pour reprendre l'étrange oxymore qu'utilise le pouvoir de Pékin, se développe dans tout le pays. En 1979, Coca-Cola, la multinationale symbole du mode de vie américain, reprend pied en Chine, après un demi-siècle d'absence. Bien d'autres suivront, du monde entier, attirés par les promesses du « plus grand marché du monde », soigneusement entretenues par les dirigeants chinois qui cherchent à acquérir le savoir-faire occidental dans tous les domaines.

Alors que la Chine se rapproche du camp américain par nécessité, un basculement stratégique s'effectue. Le 1er janvier 1979, Pékin et Washington nouent des relations diplomatiques officielles, après la reconnaissance du régime communiste par les États-Unis, au prix d'une rupture douloureuse avec l'« autre Chine », la petite île nationaliste de Taïwan. C'est l'aboutissement d'un très long travail diplomatique qui avait été mené par Chou Enlai, le Premier ministre de Mao, et Henry Kissinger, secrétaire d'État de l'administration Nixon. Des années de tractations secrètes, aiguillonnées par le désir de prendre en tenaille l'ennemi commun, la Russie de Brejnev.

À l'époque, les flux de commerce entre les deux géants sont insignifiants. L'Amérique exporte en Chine pour quatre milliards de dollars, et les flux inverses sont encore plus faibles – singulière époque, où c'est Pékin qui se trouve en déficit commercial vis-à-vis de son partenaire. Pour consolider l'alliance, Deng se rend à la Maison-Blanche, accompagné de son épouse, tous deux habillés du costume gris de bureaucrate qui est l'uniforme du Parti. C'est la première fois qu'un dirigeant chinois se rend chez l'oncle Sam. La Chinamérique est née, qui sera le socle de l'économie mondiale dans les quarante ans qui suivent, et mettra hors jeu les Soviétiques.

Keynes au placard

En Europe, l'onde libertaire mondiale née dans années soixante a gagné le sud du continent. En 1974, la révolution des Œillets au

Portugal met à terre la dictature. Au même moment, c'est le régime des colonels grecs qui tombe, et le pays fondateur de la démocratie retrouve ses origines politiques. Peu après meurt le général Franco, qui dirigeait l'Espagne d'une main de fer. Le petit-fils d'Alphonse XIII, Juan Carlos, établit alors une monarchie parlementaire. En l'espace de dix-huit mois, toute l'Europe du Sud rejoint les démocraties libérales.

Ce camp est organisé avec ce qu'on appelle alors la CEE, la Communauté économique européenne, ancêtre de l'Union. Autour du tandem franco-allemand, les pays membres mettent en œuvre une préfiguration de l'union monétaire, le Système monétaire européen. Et ils créent une monnaie fictive, l'ECU, pour European Currency Unit, qui servira d'instrument de compte pour les banques et les très grandes entreprises. C'est le président français, Valéry Giscard d'Estaing, qui s'est fait le défenseur de cette appellation rappelant aux Français le temps mythique des pièces en or, contre les préventions allemandes – dans la langue de Goethe, *Kuh* signifie « vache ». Un sacrilège, dans un pays qui idolâtre son Deutsche Mark, la devise allemande qui ne cesse de s'apprécier, comme si elle était l'indicateur de l'emprise croissante que l'Allemagne conquiert sur l'économie du continent.

La petite élite européenne, encore sous l'ombre des guerres qui ont ravagé le continent, fourmille de projets d'union, dans les domaines les plus variés. À la racine de ce désir de fusion, il y a le souhait de rompre à jamais avec l'animosité entre les nations qui a coûté si cher en vies humaines au cours du XXe siècle. La France y voit une occasion pour construire une « France en grand », c'est-à-dire une Europe où elle conduirait les affaires, enfin victorieuse comme aux temps de Napoléon, mais cette fois-ci sans faire couler le sang – par la seule force de son esprit. L'Allemagne, dirigée par le social-démocrate Helmut Schmidt, proche de Giscard, est d'une bonne volonté sans limite – la culpabilité du nazisme pèse toujours sur la génération qui est au pouvoir – sauf lorsqu'on s'approche du Deutsche Mark. Quant au Royaume-Uni, qui a rejoint la CEE peu auparavant, il n'y a qu'une seule chose qui l'intéresse, le grand marché qui se dessine. Une fois encore, les Anglais sont dans le sens du vent.

Au seuil des années quatre-vingt, le monde de l'après-guerre se craquelle. Les entraves, règles et frontières, les limites en un mot, mises en place au sortir de la guerre, semblent partout pesantes. L'État, dont on avait eu grand besoin pour reconstruire après les cataclysmes de la première moitié du siècle, a fini par étouffer la croissance. Le vieux Keynes et l'interventionnisme qu'il avait inlassablement prôné sont remisés au placard des vieilleries inutiles, héritage d'une époque révolue à jamais, croyait-on. Parce que le vieux système ploie sous les forces nouvelles : une génération libertaire, la montée de ceux qu'on appelle encore les pays en voie de développement, la Chine au premier chef, l'essor des communications qui défient le temps et l'espace. En 1979, des étudiants de Caroline du Nord utilisent pour la première fois le réseau d'ordinateurs universitaires connectés pour établir des conversations sur des forums virtuels.

Cette année-là encore, un banquier réputé qui a aussi occupé de hautes fonctions dans l'administration est nommé à la tête de la Federal Reserve, la banque centrale des États-Unis : Paul Volcker. Volcker va s'acharner contre l'inflation à deux chiffres qui sévit en Amérique. Il inaugure une méthode nouvelle, préconisée par Milton Friedman, en relevant massivement les taux d'intérêt, c'est-à-dire le prix du crédit, pour réduire la quantité de monnaie en circulation dans l'économie. Cette saignée se paiera d'une sévère récession, mais peu après, l'inflation sera vaincue. Insensiblement, la conduite des affaires économiques et financières passe de l'État à la banque centrale, comme le préconisait le Prix Nobel de Chicago.

En France, le septennat Giscard d'Estaing s'achève, et le ministre de l'Économie, René Monory, homme de bon sens qui avait été garagiste, libéralise lui aussi le contrôle des prix et le marché bancaire. Timidement – on est en France. Chez nous aussi le vieux monde craque. La Lorraine subit la restructuration violente de la sidérurgie, Manufrance est au bord de la faillite. Toutes les cathédrales industrielles vacillent. Même le Concorde : à cause du choc pétrolier qui renchérit le prix du carburant, on envisage d'interrompre les vols de cet avion supersonique, fierté des ingénieurs aéronautiques français. Le Premier ministre d'alors, Raymond Barre, réputé « meilleur économiste de France », exhorte les Français à améliorer la compétitivité et à se « serrer la ceinture » pour limiter le déficit et la dette. Assailli par des militants communistes qui lui reprochaient l'envolée du chômage, Barre avait fini par leur rétorquer : « Les chômeurs pourraient essayer de créer leur entreprise au lieu de se borner à toucher les allocations de chômage ! » Du Macron avant l'heure.

Giscard est battu en 1981, car la France opère alors un gigantesque contretemps, en élisant François Mitterrand. Le monde entier libéralise et privatise, et les Français envoient au gouvernement une coalition de socialistes et de communistes qui va au contraire nationaliser… Comme toujours, le monde anglo-saxon est précurseur. Comme toujours, la France est en retard d'un train idéologique. Ce retard ne durera pas. Dès le milieu des années quatre-vingt, les socialistes libéraliseront eux aussi, déclenchant le « big bang » des marchés financiers pour libérer le – mauvais ? – génie de la finance qui était emprisonné dans sa lampe. Quelle que soit la couleur politique des gouvernements, ceux-ci se plient à l'esprit des temps. Le verbe « libéraliser » devient d'usage courant, en concurrence en France avec le terme privatiser.

1989

L'apogée

Les gardes-frontières en kaki avaient-ils conscience que leurs coups de cisaille allaient bouleverser le destin de centaines de millions d'hommes ? Le 2 mai 1989, le pouvoir hongrois donne l'ordre à ses soldats de démanteler les 266 kilomètres de rideau de fer qui marquent la frontière du pays avec l'Autriche et le monde libre. Électrifiée pour empêcher le passage des fuyards mais vétuste, cette clôture déclenchait sans cesse de fausses alarmes et nécessitait des réparations permanentes. Et surtout, le climat avait changé. À Budapest, mais aussi à Moscou, où Mikhaïl Gorbatchev, le secrétaire général du Parti communiste soviétique, avait rompu avec la lignée de dictateurs séniles et initié une politique d'ouverture et de transparence, la « perestroïka ».

Profitant de la brèche, des milliers d'Allemands de l'Est se rendent alors en Hongrie, dans l'espoir de rejoindre le camp occidental. Certains passent, d'autres sont bloqués en Hongrie, sans pour autant être renvoyés dans leur pays d'origine. La pression migratoire est si forte que dans le courant du mois d'août, la frontière avec l'Autriche est complètement ouverte par les autorités de Budapest. Des dizaines de milliers d'Allemands de l'Est rallient alors l'autre Allemagne. Dans le même temps, les manifestations se multiplient dans les villes est-allemandes, en particulier à Leipzig, tous les lundis, pour demander la démocratie.

Quelques semaines plus tard, alors qu'une atmosphère de liberté inhabituelle flotte sur le bloc de l'Est, c'est le Mur de Berlin qui est ouvert. Ce rempart de béton avait été érigé en une nuit, en 1961, autour de Berlin Ouest, enclavé dans l'Allemagne communiste, justement pour éviter l'exode des citoyens vers les pays démocratiques. Il était surveillé par des militaires en armes, qui n'hésitaient pas à tirer sur les fuyards.

Le 9 novembre 1989, un officiel est-allemand lit un communiqué indiquant que la réglementation sur les voyages à l'étranger est assouplie. Un journaliste lui demande à partir de quand le nouveau texte entre en vigueur. L'officiel hésite, et bafouille : « maintenant ». A-t-il mal formulé ou été mal compris ? A-t-il outrepassé les instructions qui lui avaient été données ? Les Berlinois se ruent de part et d'autre de la frontière. C'est un moment de liesse extraordinaire, les retrouvailles des deux Allemagnes se nouent sans qu'un coup de feu ne soit tiré, dans les embrassades de cette nuit d'automne.

Le régime est-allemand ne survit que quelques semaines à cette poussée libertaire. Et tous les pays voisins sont emportés par une sorte de contagion de la liberté. La Tchécoslovaquie déclenche la révolution de velours, elle aussi pacifique, à force de manifestation sur la place Wenceslas de Prague. À la fin décembre, c'est Václav Havel qui y est élu président. En Roumanie, le régime dictatorial des Ceaucescu s'achève avec l'exécution sommaire du couple, filmée et diffusée à la télévision, la nuit de Noël. La Pologne et la Hongrie, un peu en avance, avaient déjà fait leur révolution quelques mois plus tôt. En moins d'une année, tous les régimes communistes d'Europe de l'Est tombent avec une facilité que personne n'avait prévue, renversés par la vague libertaire mondiale. Il faudra pourtant attendre 1991 pour que se produise le dernier feu d'artifice, l'éclatement de l'Union soviétique, au profit de la Russie et de ses nombreuses républiques satellites. Le communisme de l'après-guerre meurt alors, honni pour sa main de fer, ses prisons et son incroyable incompétence économique.

Le Grand Déménagement

La disparition de la menace soviétique qui avait dominé l'après-guerre change tout. Un seul empire reste debout, les

États-Unis – l'« hyperpuissance », selon la formule d'Hubert Védrine. Ses valeurs prévalent désormais sur toute la planète : le marché pour le fonctionnement de l'économie, la démocratie pour le système politique. Les deux faces du libéralisme. Un livre fameux paraît alors, *La Fin de l'histoire et le dernier homme,* écrit par Francis Fukuyama. Le sociologue américain voit dans la chute du Mur l'étape finale de la lutte que les hommes ont livrée depuis toujours contre les forces obscures. Le triomphe de la démocratie et du marché ouvre la perspective d'une concorde universelle et d'une connexion de tous les points du globe entre eux.

Auparavant, le voyage des idées et des biens venait mourir sur ce rideau de fer hermétique. Désormais, de vastes espaces s'ouvrent aux entreprises multinationales, libres d'aller vendre leurs produits sur ces terres nouvelles, et bien sûr d'y faire fabriquer à moindre coût. Les délocalisations massives vont commencer, le capital subissant l'attraction des pays à faibles salaires. Une extraordinaire migration des usines commence sur la planète. Comme les cigognes avant l'hiver, elles quittent les pays riches pour s'installer en Europe de l'Est et au Sud, chez ces nouveaux convertis à l'économie de marché qui ne désirent rien tant que voir leur niveau de vie s'élever.

Ce grand déménagement bénéficie de plusieurs moteurs auxiliaires. La disparition du risque géopolitique et des frontières, tout d'abord, qui aplatit la Terre. Il n'y a plus d'obstacle au commerce. L'adoption quasi universelle des codes et règles du monde capitaliste, ensuite, qui sécurise les transactions et permet aux investisseurs de retrouver, où que ce soit, un État de droit qui leur est familier. Toutes les jeunes démocraties de l'Est, et jusqu'à la Russie, font appel à des conseillers occidentaux, américains pour la plupart, richement payés, pour reconstruire leur système juridique et financier. L'économiste Jeffrey Sachs sera ainsi l'inspirateur de la « thérapie de choc » appliquée à Moscou après la chute de l'URSS. Le Fonds monétaire international et ses préceptes triomphent dans tous les pays : libéralisation des mouvements de capitaux, amaigrissement de l'État, réforme du marché du travail, tel est le nouvel évangile universel.

La conversion planétaire au libéralisme associée à l'essor des télécommunications déclenche une incroyable révolution financière : les capitaux privés provenant du Nord à destination des pays émergents se substituent à l'aide internationale des gouvernements et des institutions, en profitant des réseaux de télécommunications qui se développent alors, permettant de transférer des centaines de milliards de dollars instantanément. Désormais, on envoie de l'argent chez les pauvres non pas pour les aider, mais pour faire du profit.

Enrichissez-vous !

Les Bourses du monde entier s'envolent, ivres des perspectives de croissance et de ce qu'on appelle les « dividendes de la paix ».

En France, de nouveaux mots arrivent dans le vocabulaire ordinaire. La COB par exemple, pour Commission des opérations boursières, une sorte de gendarme qui tente de discipliner les esprits animaux. Ou bien encore « délit d'initiés », un acte qui n'est répréhensible que depuis peu, qui consiste à utiliser une information qu'on est seul à connaître pour acheter ou vendre des actions et s'enrichir. Le terme a été popularisé par deux scandales financiers touchant des proches du chef de l'État, François Mitterrand.

La chronique de la vie des affaires est rythmée par d'innombrables batailles boursières et d'OPA – encore un nouveau terme qui apparaît. Les banques, les compagnies d'assurance, les sociétés financières se marient et se déchirent. De nouveaux entrepreneurs émergent, le jeune Vincent Bolloré, ou Bernard Arnault, qui prend le contrôle de firmes de luxe en évinçant les propriétaires : les baby-boomers conquièrent le pouvoir économique de façon agressive, en utilisant les instruments de leur temps. L'ancienne génération, qui avait l'habitude de trancher les conflits dans les bons restaurants ou les conseils d'administration, est poussée vers la retraite. Les financiers français singent les loups de Wall Street, qui dépècent des entreprises respectables pour bâtir des fortunes insolentes.

C'est aussi le début de l'internationalisation des stars de l'industrie française. Les frontières de l'Hexagone sont des limites qu'il faut désormais dépasser pour atteindre la « taille critique », deux mots qui reviennent à tout propos dans les colonnes de la presse économique. Renault flirte avec Volvo et annonce, à la toute fin de l'année, la fermeture de l'usine historique de Boulogne-Billancourt, dans les Hauts-de-Seine : la fin de la « vitrine sociale » française, dont l'histoire avait été rythmée par les conquêtes syndicales. Les mariages franco-allemands se multiplient, dans l'énergie notamment. CGEE-Alsthom, un monstre qui fabrique à la fois des téléphones et des trains dernière génération, se lance en Chine, le « marché du siècle ».

Dans la société des années quatre-vingt, c'est le règne des deux F : fric et frime. Les partis commencent à s'étioler, tout comme les syndicats et la vie associative. Il n'y a de salut qu'individuel. C'est la réussite qui prime désormais. Réussite professionnelle, réussite financière, incarnée en France par l'essor d'un ex-chanteur devenu redresseur d'entreprises en difficultés, Bernard Tapie. Tapie, lui-même baby-boomer, est la personnalité préférée des jeunes, grâce à son parler direct et son apologie décomplexée de la richesse. Les salles de sport se multiplient dans les villes, le corps devient un projet.

Babel des temps modernes

Lorsque le Mur tombe, l'Europe était tout à son projet d'approfondissement. Car quelques années auparavant, un Français, ancien ministre de l'Économie, avait pris la tête de la Commission européenne : Jacques Delors. Après un tour des capitales, il était parvenu à une double conclusion.

Un, le seul projet commun possible était la construction d'un grand marché intérieur en Europe, qui pouvait réunir des Britanniques aux Français, en passant par les Allemands, en supprimant les frontières. La décision en avait été prise et ratifiée en 1957, avec le traité de Rome. Mais elle n'avait pas été suivie d'effets. Et les entraves aux échanges commerciaux s'étaient multipliées, au sein même de l'Europe. Deux, le mouvement de mondialisation qu'il pressentait demandait à être organisé sur une base continentale.

Delors élabore donc ce qu'on appellera l'Acte unique européen, ou le programme des quatre libertés : circulation libre pour les biens, les capitaux, les services et les personnes. Ce nouveau traité est signé en 1986. C'est le programme libéral par excellence, qui va moderniser les économies du continent en abattant les frontières nationales. Le coup de génie de Delors est non seulement d'avoir relancé une Europe en panne, mais d'avoir donné un objectif intelligible par tous : le Grand Marché devait être achevé au 1er janvier 1993. D'ici cette date, il fallait élaborer les législations communes, les normes et les réglementations, et les transposer dans les États-membres. Un travail de titan.

Au tournant des années quatre-vingt, tous les pays mettent les bouchées doubles pour atteindre l'objectif. La France supprime par exemple son contrôle des changes, de façon à permettre le libre va-et-vient du capital – ce n'était pas arrivé depuis l'entre-deux-guerres. Elle abaisse aussi son taux de TVA, fixé à 33 % pour les produits dits de luxe, parmi lesquels les voitures, pour rejoindre la moyenne européenne.

Le projet est piloté par la Commission européenne, du haut du bâtiment du Berlaymont, à Bruxelles, où est situé le bureau de Jacques Delors avec son mobilier des années soixante. À ses côtés, un brillant Français, Pascal Lamy. Crâne rasé, marathonien, celui qu'on appelle « Le moine » dirige un essaim de fonctionnaires polyglottes et enthousiastes. Leur zèle est tel qu'ils se lancent parfois dans la rédaction de directives inutiles ou stupides, comme celle qui régente le niveau sonore des tondeuses à gazon. Mais ils ont la foi, et la diffusent dans les États-membres. Cette année constitue probablement le zénith de la construction européenne. Le Berlaymont est alors comme une tour de Babel qui aurait surmonté les obstacles de la langue et investi l'énergie collective dans une œuvre de réconciliation et de concorde internationale.

Delors ne perd pas une minute. L'Acte unique à peine ratifié, il se fait missionner par les chefs d'État et de gouvernement pour rédiger un rapport sur la création d'une monnaie européenne unique. Il y détaille les étapes nécessaires, reprenant et prolongeant le travail du Luxembourgeois Werner, qui avait fait la même chose dix ans auparavant. Le rêve des États-Unis d'Europe, né dans les années vingt sur les ruines sanglantes de la Grande Guerre, semble à portée de main. L'union monétaire permettra de parachever le marché unique, en interdisant les fluctuations des devises qui perturbent les échanges et la concurrence entre les nations.

Delors et Lamy en sont persuadés, l'arrivée de cette devise commune permettra d'avancer dans le fédéralisme à la mode de l'Europe, en associant les vieilles nations qui la composent avec une « union toujours plus étroite », comme l'annonce le préambule du traité européen. Comme toujours en Europe, il faut commencer par l'économie pour arriver à la politique, de façon subreptice. Il va bien sûr falloir convaincre Bonn – cette petite ville rhénane est alors la capitale de l'Allemagne fédérale, dite de l'Ouest – d'abandonner son mark fétiche au profit d'un ersatz mâtiné de la tradition monétaire du sud de l'Europe, où l'on pratique la dévaluation plus que de raison.

De Yalta à Malte

Tout va pourtant changer en novembre 1989. Car le projet européen avait pris appui sur le rideau de fer, en fédérant le camp des démocraties face aux dictatures rouges. Lorsque le Mur s'effondre, la communauté européenne perd donc sa finalité. À quoi sert-elle désormais ? « La chute du Mur a fait un mort, c'est Jacques Delors », dira Jean-Pierre Chevènement. Et une question surgie dans la nuit du 9 au 10 bouleverse le calendrier paisible d'intégration qu'avaient prévu les Européens de l'Ouest, à l'ombre du Mur : l'Allemagne va-t-elle se réunifier ? Jusque-là, Français et Allemands, suite à la Seconde Guerre mondiale, imaginaient bien qu'un jour ou l'autre l'Allemagne ne serait plus qu'une. Mais pas avant dix ans, avait dit quelques semaines auparavant François Mitterrand à George Bush, le président américain fraîchement investi. Car il pensait que l'URSS, aussi affaiblie qu'elle soit, s'y opposerait. Quant à Margaret Thatcher, elle était farouchement contre, faisant sienne la fameuse phrase de François Mauriac : « J'aime tellement l'Allemagne que je suis ravi qu'il y en ait deux. »

D'un jour à l'autre, l'histoire du siècle réapparaît, surgie des ruines sales du Mur de Berlin. Dès le 28 novembre, le chancelier Kohl présente un plan en dix points pour la réunification. Au grand dam de ses alliés qui jugent l'initiative prématurée. Mitterrand est réticent. Il craint de voir renaître la volonté de puissance allemande. De plus, le président français voit ses ambitions européennes doublement contrariées. D'abord parce qu'un tel chantier national va détourner l'Allemagne de ses voisins, immanquablement. Ensuite parce qu'une Allemagne réunifiée a toutes les chances de peser plus lourd que la France, qui jusqu'ici dirige peu ou prou les affaires communes. L'Europe, si elle survit à ce choc, ne sera plus la France en plus grand.

Mais les préventions françaises et britanniques ne pèsent guère. Début décembre, le sommet de malte réunit Gorbatchev et le président américain Bush, pour mettre fin à la guerre froide et, de facto, autoriser les retrouvailles germaniques. « From Yalta to Malta », titrera la presse américaine, faisant écho au sommet de Yalta, en 1945, lors duquel les deux superpuissances s'étaient au contraire partagé l'Europe en deux moitiés séparées par le Rideau de fer.

En mars, des élections libres sont organisées en RDA. Et en août, le nouveau parlement est-allemand demande l'adhésion du pays à la République fédérale, qui va alors s'augmenter de plusieurs *Länder*. Le 3 octobre 1990, l'Allemagne ne fait plus qu'une, et le nouveau pays réinstalle sa capitale à Berlin. Ce jour-là finit véritablement la Seconde Guerre mondiale.

Si Mitterrand a cédé, c'est bien sûr parce qu'il ne pouvait pas s'opposer à la volonté pacifique d'un peuple désormais ami. Mais aussi parce qu'il avait négocié des contreparties. Oui à l'Allemagne réunifiée, mais dans une Europe intégrée grâce à l'union monétaire. Car mieux vaut une Allemagne européenne qu'une Europe allemande, pense-t-il. Kohl, alors même qu'il prépare la fusion des deux Allemagnes, accepte, lors du compromis de Strasbourg, à la fin 1989, le principe de l'Union monétaire européenne telle qu'elle avait été bâtie par Delors.

En apparence, Chevènement a eu tort. Le projet européen sort renforcé de l'effondrement des dictatures communistes européennes, puisqu'elles frappent toutes à la porte de l'Union pour en être membres. En réalité, cet afflux de nouveaux membres va profondément changer la nature du projet. D'un petit groupe d'États d'inspiration fédéraliste, l'Europe se transforme en une vaste association à la finalité confuse. Un grand marché seulement ? Des États-Unis d'Europe ? Personne n'a la même réponse. Faut-il accepter tous ceux qui candidatent, ou au contraire restreindre l'accès ? Et où s'arrête l'Europe ? Faut-il y inclure la Russie, la Turquie ? Ne connaissant plus ses frontières depuis la chute du Mur, l'Europe perd son identité.

Jacques Delors, interrogé par l'auteur à l'époque, regrettait que l'élargissement se soit ainsi substitué à l'approfondissement des liens entre les membres existants. Mais, ajoutait-il, nous n'avons pas eu le choix. Il fallait arrimer les jeunes démocraties au camp occidental, pour les sécuriser. Il avait certainement raison.

Du sang sur Tian Anmen

Alors que l'Europe était ainsi révolutionnée par la chute des dictatures rouges, le désir de liberté gagne aussi à l'autre bout du monde. En Chine. Fin mai, les étudiants dressent au cœur de Pékin une statue de carton blanc haute de dix mètres, la déesse de la liberté. Elle tient une torche à la main, exactement comme sa grande sœur qui accueille les navires à l'entrée du port de New York. Les jeunes Chinois, derrière leurs revendications politiques pour la démocratie, se plaignent des inégalités croissantes que le décollage du pays a provoquées. Ils occupent la grande place de Pékin, Tian Anmen, malgré la loi martiale décrétée le 20 mai. Le 4 juin 1989, l'armée intervient. Le massacre des étudiants fera au moins deux mille morts.

Cinq jours plus tard, le vieux Deng Xiaoping, initiateur de l'ouverture économique, prononcera devant les forces militaires un discours pour se justifier : « Même si les pertes sont regrettables, cela nous a permis de faire triompher le peuple et d'aider ceux qui ne savent pas très bien distinguer le bien du mal à changer leur point de vue. » D'innombrables arrestations suivent, ainsi qu'une purge pour les cadres du Parti accusés de « libéralisme petit-bourgeois » et de « pollution spirituelle ». La Chine se referme, la croissance chute brutalement, les étrangers s'en vont. Les dirigeants chinois se crispent d'autant plus qu'ils sont littéralement terrifiés par l'effondrement de l'URSS et de ses satellites. Si la chute du Mur est vécue en Europe comme une libération, elle est un sinistre présage pour Zhongnanhai, la cité interdite où se retrouvent les maîtres communistes de Pékin : ils ne sont pas à l'abri d'un soulèvement qui ferait tomber leur régime comme un arbre mort.

L'éclipse chinoise ne dure pourtant pas. Comme dix ans auparavant, c'est par l'économie que la liberté revient. Au printemps 1992, Deng entreprend une tournée dans les zones économiques spéciales et à Shanghai, que la mythologie politique chinoise a appelé *Nanxun*, le « Voyage dans le Sud ». À cette occasion, il prononce un discours célèbre, avec une exhortation à poursuivre les réformes économiques : « Il ne faut pas marcher au rythme d'une femme aux pieds bandés. » L'extraordinaire dynamisme des Chinois, libéré par la parole de l'empereur, reprend le dessus. Les ateliers vrombissent, les buildings sortent de terre. Même Shanghai, qui avait été jusqu'alors interdite de réforme parce qu'elle avait « fauté » avec les espions et les prostituées avant 1949, est pardonnée. Elle va redevenir la capitale économique de la Chine orientale.

Nanxun donne un formidable coup d'accélérateur à la croissance chinoise, désormais à deux chiffres. Et les quelques mots du vieux Deng font éclore la mondialisation moderne. Car les investisseurs occidentaux se précipitent en Chine, pour profiter des faibles coûts salariaux et y faire fabriquer des vêtements, des produits électroniques, des jouets. La Chine devient l'usine du monde.

En 1989 et dans les quelques années qui suivent, le cycle libéral connaît donc son apogée. Jamais le monde n'a compté aussi peu de kilomètres de frontières qu'à cette époque, depuis l'avant 1914. Jamais le nombre de démocraties n'a été aussi élevé sur la planète. Jamais la mondialisation n'a semblé aussi enviable, depuis les grandes catastrophes du début du XXe siècle. Et c'est aussi en 1989 qu'un chercheur britannique, Tim Berners-Lee, invente un protocole de télécommunications pour que les scientifiques du monde entier puissent échanger des informations en temps réel : le *World Wide Web*, dont les initiales, www, vont très vite devenir familières à des milliards d'utilisateurs sur la Terre. Le web sera l'extraordinaire accélérateur de la mondialisation.

1999

La démesure

Au centre de congrès de Davos, plusieurs centaines de participants au forum économique mondial s'écrasent contre les buffets qui ruissellent de vodka et de caviar. Ce soir de fin janvier 1999, c'est la délégation de Moscou qui régale. Ievgueni Primakov, le Premier ministre de la nouvelle Russie libérale, est écarlate et luisant, il titube. Il est venu vendre aux investisseurs du monde la transformation de son pays, pour les inciter à y mettre leur argent. Chaque année, la petite station enneigée des Alpes suisses voit défiler sur la scène de son grand auditorium les leaders des pays émergents qui récitent les préceptes du Fonds monétaire international et attestent de leur conversion à l'économie libérale. Le Mexique, le

Brésil, ceux qu'on appelle maintenant les pays d'Europe centrale et orientale... Cette année, la vedette, c'est la Russie.

Il ne semble pas y avoir un nuage dans le ciel de l'économie mondiale. La poussée technologique, avec les premières start-ups, arrive comme une jeune montagne qui déforme l'écorce séculaire de l'industrie. Quelques années auparavant, deux étudiants de Stanford, en Californie, ont créé Yahoo !. Introduite en Bourse peu après, l'entreprise a immédiatement coté plusieurs dizaines de milliards de dollars. Une librairie en ligne s'est montée, Amazon. Et un nouveau moteur de recherche au logo bigarré, Google.

La fièvre boursière monte. Chaque introduction à New York est l'occasion d'une explosion des cours, pour ces entreprises qui ne font pas même un cent de bénéfice, quand bien même elles ont un chiffre d'affaires. Des fortunes insolentes s'échafaudent en un instant, à peine le temps que la cloche de Wall Street retentisse. Le tout avec l'aide des banques d'affaires, des analystes qui président à la montée perpétuelle des cours, et des gros investisseurs, à qui l'on réserve des conditions d'achat préférentielles. Tous ceux-là se goinfrent sans mesure.

Pour justifier un tel engouement, les économistes ont inventé un nouveau concept : la « nouvelle économie ». Qui n'obéit plus, disent-ils, aux lois traditionnelles. Il n'y aura plus de cycles, donc plus de récession. En clair, c'est l'ascension perpétuelle, croit-on, qui garantit la prospérité sans limite. Exactement comme dans les années vingt, lorsque l'arrivée de la voiture et de la radio avait échauffé les esprits. La Bourse est tellement favorable que le président américain Clinton songe à placer les réserves des retraites publiques sur les marchés financiers : le Dow Jones, l'indice boursier américain, n'a-t-il pas vu sa valeur multipliée par trois dans les années quatre-vingt-dix ? L'optimisme politique de 1989 s'est mué, dix ans plus tard, en exubérance irrationnelle, pour reprendre les termes d'alors d'un professeur de l'université de Yale, Robert Shiller.

Toutes les digues sont rompues. C'est cette année-là que l'Amérique abolit le Glass-

Steagall Act, qui avait été voté après le krach de 1929 et la grande crise, pour protéger les banques. À quoi bon maintenir des protections, puisque le risque financier a disparu, plaident les banques ? Les financiers du monde entier reprennent, sans même en avoir conscience, le slogan libertaire de leur jeunesse turbulente : il est interdit d'interdire. Laissez-nous jouer en paix. Clinton et son administration acceptent. Les banques construisent de vastes supermarchés de la finance, allant du client de base aux opérations les plus spéculatives sur les marchés internationaux, exposant l'épargne populaire aux risques les plus élevés.

L'endettement explose, les prix de l'immobilier ne cessent de grimper. Peu à peu, les règles de la prudence élémentaire se dissolvent. Pour favoriser l'accès à la propriété des plus modestes, ceux qu'on appelle les ménages « subprimes », de nouvelles formules de prêt sont mises au point : pas de remboursement pendant deux ans. Il y a bien des clauses écrites en tout petit au bas du contrat, qui prévoient des mensualités démentes au terme de la franchise, mais personne ne les lit. Car d'ici deux ans, la maison sera revendue, avec une plus-value de 30 % au moins. Quant à celui qui vend le crédit, ce n'est souvent qu'un intermédiaire, agent indépendant, qui refourgue les engagements aux banques après avoir pris sa commission. Les banques elles-mêmes revendent ces crédits sur les marchés, à des investisseurs internationaux, cette fois-ci en faisant miroiter la fameuse clause du bas de page, qu'on a pour l'occasion écrite en gros : ça va rapporter gros quand les subprimes rembourseront. Elles aussi prennent leur commission. Et les agences de notation certifient que ces produits financiers sont les plus sûrs, grâce au « triple A » qu'elles décernent. Contre une juteuse commission.

L'art de la guerre

À l'autre bout de la planète, la Chine décolle. L'afflux d'investissements étrangers souffle littéralement les métropoles de la côte orientale, en particulier au Sud. En permanence, des hordes de paysans arrivent dans ces nouvelles terres promises, pour récupérer les quelques miettes qui seront toujours meilleures à prendre que la culture de leurs lopins. C'est le plus grand exode rural de tous les temps, qui fournit de la chair à canon pour la guerre de l'exportation que la Chine livre au monde, aux États-Unis en particulier. Les transporteurs maritimes construisent de gigantesques navires qui chargent en Chine du Sud et débarquent leurs marchandises sur la côte Ouest américaine, irriguant les magasins américains. Les seuls approvisionnements de Walmart, la première chaîne de supermarchés, auraient alors représenté 10 % des exportations de l'empire du Milieu en Amérique… Le consommateur s'y retrouve, car les prix sont bien plus faibles que ceux du « made in USA ». Mais le salarié un peu moins : nombres d'usines ferment, délocalisées.

Pékin obtient, justement en 2001, l'accord de la communauté internationale pour devenir membre de l'Organisation mondiale du commerce, l'OMC. Auparavant, elle devait négocier chaque année un accord avec Washington, qui était utilisé par les Américains comme un levier. Une humiliation pour la Chine, contrainte de subir les sermons de Clinton sur les droits de l'homme. Cette année-là, les ponts-levis de l'Occident s'abaissent, les divisions chinoises redoublent d'efficacité.

Un double mouvement financier gagne alors en puissance sur l'océan Pacifique. Pour payer ces tombereaux de produits, un courant de dollars passe bien sûr de l'Amérique à l'empire du Milieu. Mais aussitôt, ces dollars repartent dans le sens inverse. Car les Chinois investissent leurs gigantesques excédents en bons du trésor américains, c'est-à-dire en dette publique. Ils constitueront jusqu'à quatre mille milliards de dollars de réserves en devises.

En apparence, il y a là le secret de la croissance sans limite. Avec les achats américains, la Chine rugit. Et grâce au flux symétrique, celui des investissements chinois, les Américains peuvent s'endetter sans contrainte. Pour acheter des produits… chinois ! La dynamique créée par l'excès d'épargne sur l'une des rives du Pacifique, et l'excès de dette sur l'autre, produit une sorte de mouvement perpétuel appliqué à l'économie et à la finance.

Cette dépendance réciproque que les deux plus grands pays du monde développent inspire des commentaires géopolitiques tout à fait saugrenus, en accord avec l'optimisme déraisonnable qui prévaut : si l'un dépend de l'autre et inversement, il n'y aura jamais de conflit entre ces deux superpuissances. Le marché et ses lois ont triomphé de la politique. Des considérations qui rappellent encore celles de *La Grande Illusion*, le livre paru juste avant la Grande Guerre, qui expliquait que les conflits armés ne pourraient plus être déclenchés, tant les liens commerciaux entre les États d'Europe étaient forts.

Fêtes étincelantes

Sur toute la planète, les entreprises passent leur temps à fusionner. Une véritable fureur du mariage, qui gagne aussi la France. La chronique de ces opérations occupe une « une » sur deux du quotidien économique *Les Échos* : Renault qui s'allie à un Nissan en pleine déconfiture, Total qui absorbe Elf, BNP et Société générale qui se disputent Paribas, François Pinault et Bernard Arnault qui s'écharpent pour le contrôle de Gucci, Matra et Aérospatiale qui s'associent…

Les salaires des dirigeants de grandes entreprises s'envolent, grâce à une technique financière qui a traversé l'Atlantique, les stock-options. Il s'agit d'une rémunération à terme, pour les patrons et hauts cadres, qui les récompense lorsque l'action a atteint un certain cours fixé à l'avance. Tout le management des entreprises cotées est désormais tendu vers un objectif unique, la hausse du cours des actions. Comme on le dit à l'époque, les intérêts des actionnaires, propriétaires des entreprises, et des dirigeants, sont désormais « alignés ». C'est-à-dire convergents.

Les baby-boomers ont cinquante ans, l'âge où, dans nos sociétés, l'on accède au faîte du pouvoir économique et politique. C'est l'heure où leur emprise sur la société est la plus forte. Un nouveau personnage s'invite à la une des médias français. Son visage poupon et son air juvénile dissimulent une ambition inhabituelle. C'est un haut fonctionnaire défroqué, qui a réussi à prendre la tête d'une des entreprises les plus prospères du pays, la Compagnie générale des eaux : Jean-Marie Messier. Lui aussi baby-boomer, il sera le Tapie du tournant de siècle. Il multiplie les acquisitions à prix d'or, voyage dans son Airbus, et habite sur Park Avenue, à New York. Il bâtit un conglomérat, Vivendi-Universal, en pompant sans mesure sur la tirelire séculaire de la CGE – et les lignes de crédit que les banques aveuglées lui consentent. Cette nouvelle entité franco-américaine est inaugurée avec une fête étincelante au musée du Trocadéro, en 2000, où se presse le tout-Paris des médias, juste en face de la tour Eiffel ruisselante de lumières.

À Paris, ce sont les socialistes qui sont au pouvoir, avec le gouvernement de Lionel Jospin, arrivé à la suite d'une dissolution de l'Assemblée nationale provoquée par le président Chirac. Ces socialistes français font figure de dinosaures, alors que Tony Blair, en Angleterre, et Gerhardt Schroeder, en Allemagne, publient un manifeste politique, celui de la « troisième voie ». Une sorte de « Et en même temps » avant la lettre, qui remisait le socialisme au profit d'un libéralisme à peine tempéré. Nos socialistes, eux, croient à la RTT, inspirée par Martine Aubry : on prépare le passage aux 35 heures hebdomadaires.

Mais le libéralisme pointe, même en France, même lorsqu'elle est dirigée à gauche. Le gouvernement Jospin sera le champion des privatisations, avec Air France, France Télécom, le Crédit lyonnais et bien d'autres. Cette politique est portée par un ministre des Finances auquel on prête un avenir brillant, Dominique Strauss-Kahn. Tout réussit à Magic Dominic : record de la baisse du chômage (– 300 000 sans-emploi en 1999), record de la Bourse (+ 51 % sur cette année-là), record de l'excédent commercial français, grâce à une Allemagne effondrée par la réunification. Les nouveaux convertis à l'économie de marché, ex-habitants de la RDA communistes, ont en effet changé leurs Trabant pétaradantes contre des Renault.

Billets délavés et monuments fictifs

C'est aussi en 1999 qu'une révolution monétaire arrive sur le vieux continent : l'euro. Pas encore de pièces ni de billets, mais un taux de change fixe et irrévocable entre les devises des pays concernés. C'est l'aboutissement de trente ans d'efforts et d'innombrables sommets conclus au bout de la nuit. L'union monétaire doit permettre le bon fonctionnement du marché unique. Elle associe les pays fondateurs de l'Europe et les nouveaux arrivés, l'Europe du Sud. Juste avant que ce train ne démarre, celui-ci accepte un nouveau voyageur, essoufflé après avoir couru sur le quai, la Grèce. Certes, le pays a des finances suspectes mais, comme le dit Valéry Giscard d'Estaing, c'est quand même là qu'a été inventée la démocratie… Ça ne se refuse pas. Les Allemands renâclent devant l'extension de ce qu'ils appellent de façon méprisante le « Club Med », l'Europe du Sud, dont la culture monétaire est plutôt fondante. Mais ils finissent par s'incliner.

Il faudra attendre le 1er janvier 2002 pour avoir dans la poche les premiers signes monétaires concrets. Curieux billets, comme délavés, avec des représentations de monuments fictifs. Les dessinateurs ont en effet pris un soin méticuleux à ce que les ponts et rosaces qui figurent sur les billets en euro ne ressemblent à rien d'existant. Nulle part. Car il ne fallait pas donner le sentiment d'avoir privilégié tel ou tel pays en retenant l'un de ses chefs-d'œuvre, cela aurait froissé la susceptibilité des autres. Mauvais présage. Ou plutôt, comme l'écrira plus tard Régis Debray, signe précoce du caractère abstrait et évanescent de la nouvelle devise.

Les débuts de l'euro sont heureux. Navire construit par beau temps et pour le beau temps, il vogue fièrement dans ce climat d'euphorie économique, où la communauté financière mondiale croit en avoir fini avec le risque tout aussi sûrement que les médecins pensent avoir éliminé la peste bubonique. La conjoncture est servie par la forte baisse du baril de pétrole, qui flirte avec les 10 dollars – *The Economist*, prestigieux hebdomadaire britannique, pronostique qu'il va descendre jusqu'à 5. Et par la baisse de l'euro, qui voit sa valeur chuter en dessous de celle du billet vert. Tout cela fouette l'économie européenne.

Il se produit alors un phénomène singulier. Les taux d'intérêt des différents pays membres de l'euro se rejoignent. Pour un État, ce taux constitue une sorte de note attribuée par les investisseurs. Un État dont la politique rassure se voit attribuer un taux d'intérêt bas, ce qui lui permet d'emprunter à faible coût. Alors qu'un État dépensier se verra puni avec un taux élevé, pour compenser le risque qu'il fait subir à ses prêteurs. Traditionnellement, l'Europe des buveurs de bière – l'Allemagne, l'Autriche, les Pays-Bas – profite de bonnes notes, car elle est jugée sérieuse en matière de gestion publique. Alors que celle des buveurs de vin – l'Espagne, le Portugal, l'Italie et bien sûr la France – souffre d'une réputation médiocre. Parce qu'elle a usé et abusé de la dévaluation, au temps où elle disposait de monnaies nationales. Dépréciation qui faisait perdre de l'argent aux prêteurs, puisqu'ils étaient remboursés en monnaie de singe.

Et voilà que le vin et la bière se mélangent : au début des années deux mille, tous les pays membres ont le même taux d'intérêt. En clair, l'Allemagne rigoureuse et la Grèce intempérante ont la même note… Plutôt bonne. Parce que les investisseurs aveuglés considèrent que désormais, le risque grec n'est pas plus élevé que le risque allemand. Après tout, l'union monétaire ne va-t-elle pas tirer tout le monde vers le haut ? N'est-elle pas le prélude à une union budgétaire et politique qui va unifier les standards de la politique économique ?

Ces billevesées ont une conséquence spectaculaire au sud du continent : du jour au lendemain ou presque, le prix du crédit y chute considérablement. En Espagne, en Grèce, au Portugal, en Irlande aussi, qui n'était pas si développée alors. Cette forte baisse des charges financières est comme une injection d'anabolisants sur leur économie. La croissance s'emballe, l'immobilier décolle et surtout, l'endettement explose. Endettement public et privé, car le prix du crédit est devenu, aux yeux des Méridionaux, dérisoire. En 2007, l'Espagne construira davantage de logements que les États-Unis… Quant à la Grèce, elle profitera de l'aubaine pour abaisser l'âge de la retraite et multiplier les dépenses inconséquentes. L'Irlande, elle, verra ses banques accumuler les risques.

Illusions et fractures

Au seuil de l'an 2000, rien de tout cela n'est encore apparent. Le cycle libéral approche du retournement, car il est miné, comme toujours, par les déséquilibres financiers et politiques et la montée des inégalités. Mais ces faiblesses, pour sérieuses qu'elles sont, restent discrètes. La seule inquiétude apparente touche au fameux « bug » de l'an 2000, qui fait veiller les informaticiens du monde entier durant la nuit du nouvel an, dans la crainte que ces machines devenues indispensables ne refusent de passer au nouveau siècle. Les scénarios les plus baroques de fin du monde circulent alors, qui seront démentis le lendemain matin : rien à signaler.

Pourtant, la seule profusion du mot « record » dans les pages des journaux économiques aurait dû alerter sur l'imminence du retournement. En général, les excès provoquent une inversion de tendance, en haut du cycle comme en bas. Toujours la fameuse loi de l'économiste Hyman Minsky : c'est la stabilité elle-même qui provoque l'instabilité, par le sentiment trompeur de calme qu'elle procure, et les prises de risques qu'elle déclenche. Tout comme l'instabilité excessive conduit mécaniquement au retour de la stabilité, parce qu'elle rend les acteurs économiques beaucoup plus prudents.

D'autres événements auraient pu alerter. En 1999 s'est déroulée aussi la première manifestation altermondialiste significative, à Seattle, sur la côte Ouest des États-Unis. Elle s'en prit à une réunion de l'OMC, la figure illusoire de la « gouvernance » mondiale. Les membres de l'Organisation tentaient alors péniblement de nouer un accord commercial mondial pour réduire encore les obstacles au libre-échange planétaire. Leur sommet fut un échec. Et la violente confrontation entre les manifestants et les forces de l'ordre révéla les premières fractures de la mondialisation.

Dix-huit mois plus tard, en septembre 2001, c'est bien sûr l'attentat du World Trade Center. La tuerie constitue le double inversé et grimaçant de la chute du Mur. Alors qu'à Berlin s'était ouvert un futur paisible pour une planète partageant les mêmes valeurs, c'est au contraire la violence sauvage qui réapparaît douze ans plus tard à New York, et la confrontation entre deux mondes. Le capitalisme et la démocratie ont toujours des ennemis, qui sont prêts à mourir pour tuer. La fin de l'histoire, célébrée douze ans plus tôt par Fukuyama et sa brillante thèse, est alors reportée. Sine die.

2009

La chute

La plus forte récession depuis les années trente : ces quelques mots s'imposent dans les journaux et les conversations, au fil du mois de janvier 2009. Un événement exceptionnel, que la plupart des acteurs de l'économie et de la vie politique n'avaient jamais connu de leur vivant. La crise de l'entre-deux-guerres, c'était de l'histoire ancienne, conséquence de la naïveté des autorités de l'époque, qui avaient agi à contretemps… C'était au moins ce que croyaient les économistes, les banquiers les plus éminents, les responsables politiques. L'année 2009 allait leur prouver que, si naïveté il y avait eu, elle était bien de leur fait.

Le 20 janvier, Barack Obama prête serment et devient président des États-Unis.

Il bénéficie d'une extraordinaire image, dans le monde entier. Parce qu'il parle bien. Qu'il est très élégant. Qu'il succède au républicain George Bush junior, dont la présidence a été ternie par la seconde expédition militaire en Irak. Et grâce à la couleur de sa peau. Un Noir accédant au faîte de la puissance mondiale, le Bureau ovale de la Maison Blanche, dans le pays même qui s'était déchiré à cause de l'esclavage et de la ségrégation, donne le sentiment d'un progrès moral indubitable.

Obama arrive dans une économie ravagée. Sur le seul mois de janvier, deux cent mille emplois disparaissent aux États-Unis. Tous les monstres sacrés de l'industrie vacillent, à commencer par l'industrie automobile.

Pyramide branlante

La crise financière avait commencé quelques mois plus tôt, en plein été, avec l'effondrement des produits financiers liés aux subprimes, ces ménages américains qui s'étaient endettés pour acheter leur maison. Depuis 2006, silencieusement, les prix de l'immobilier s'étaient retournés. Et particulièrement dans les zones où la spéculation avait été la plus forte, la Floride, la côte Ouest, les villes de la côte Est. Du coup, M. Smith, américain moyen, avait tenté de revendre son logement, avant d'avoir à essuyer des pertes. Et tous les M. Smith avaient fait la même chose, provoquant le mouvement qu'ils redoutaient, la chute des prix et l'impossibilité de vendre. Le temps avait passé, jusqu'au jour où la clause de bas de page de leur contrat d'emprunt s'était rappelée à leur bon souvenir : il fallait rembourser leur prêt. Comment faire, sans les revenus suffisants ? Seule solution, se mettre en faillite personnelle, rendre la maison qui constituait le gage et disparaître. Sans avoir payé.

Les défauts de crédits se sont alors multipliés. D'autant que bon nombre de foyers avaient souscrit, en plus, d'autres emprunts sur la valeur de leur maison, pour acheter une voiture ou payer les frais d'université de leurs enfants. En quelques mois, toute cette pyramide branlante, construite sur la croyance que les prix de l'immobilier allaient toujours grimper, s'effondre.

C'est alors que le virus se diffuse dans l'économie mondiale. Car des investisseurs du monde entier avaient acheté les produits financiers construits à partir des prêts consentis à M. Smith et ses congénères. Du jour au lendemain, en août 2008, la valeur de leurs produits s'effondre, faisant un trou de plusieurs centaines de milliards dans les actifs des fonds de pension et le bilan des banques. Et jusque dans les comptes d'un petit village de Norvège, qui avait acheté des subprimes pour placer les économies de la commune, sur les conseils de son banquier… Une sorte d'effet domino financier.

Avec un bilan troué par ces pertes, les banques ont immédiatement restreint le volume de crédits qu'elles consentaient. Elles ont ainsi propagé la crise. D'abord entre elles, en ne se prêtant plus les unes les autres, alors que les marchés financiers étaient ordinairement le lieu d'échanges de masses d'argent considérables, parfois pour quelques heures seulement. Toutes ces transactions sont gelées.

Le 15 septembre 2008, c'est Lehman Brothers, une banque d'affaires réputée, qui tombe, victime de la méfiance de ses contreparties. Elle avait été l'une des plus aventureuses dans ses placements. Les autorités américaines sont sollicitées pour la renflouer, mais elles refusent, par crainte de représailles du Congrès, toujours vigilant sur l'utilisation de l'argent du contribuable au profit des banquiers « pourris ». Erreur. La chute de Lehman redouble la crise de confiance généralisée, car elle signale qu'il n'y aura pas de pitié pour celui qui met un genou à terre.

Plus un fifrelin ne circule dans l'économie mondiale. AIG, une gigantesque compagnie d'assurance, tombe. Cette fois-ci, elle est sauvée par les autorités fédérales américaines. Mais cela ne suffit pas. Fannie Mae, une énorme société financière spécialisée dans l'immobilier, chancelle à son tour.

Les banques européennes sont atteintes.

Leurs clients commencent à s'inquiéter. Pour éviter la panique, le gouvernement irlandais garantit sans limite les dépôts effectués dans ses établissements financiers. Un geste fatal, qui va là encore aggraver la crise. Car les titulaires de comptes européens transfèrent massivement leurs avoirs en Irlande, pour être garantis sur l'intégralité, avantage qui n'existe pas dans les autres pays du continent. Le président français Sarkozy est contraint de réunir en urgence les chefs d'État et de gouvernements européens pour décider de la garantie illimitée partout en Europe.

Cela n'offre qu'un répit.

Les Bourses s'effondrent, perdant jusqu'à 10 % par jour. Le commerce international s'arrête, les bateaux naguère chargés de containers partent quasiment vides. L'incroyable festin libéral de la finance s'interrompt, comme toujours, avec un krach. À force d'avoir déréglementé, d'avoir enfreint les règles élémentaires de la prudence, la communauté financière a précipité le monde dans la ruine. La chute des prix de l'immobilier aux États-Unis n'a été que le déclencheur d'une crise beaucoup plus vaste, causée par l'incroyable amoncellement de dettes. Alors que l'économie mondiale est irriguée par un unique réseau d'information et d'argent, tout anévrisme localisé paralyse l'organisme entier. La crise est tout aussi mondialisée que la croissance l'avait été.

Capitalisme et morale

C'est l'Amérique, épicentre du séisme, qui réagit la première. Obama reprend une idée de l'administration précédente, créer un fonds qui va racheter les dettes irrécouvrables faute de débiteur solvable, avec de l'argent budgétaire : plus de 800 milliards de dollars. Et il orchestre une gigantesque relance, avec des grands travaux : encore 800 milliards. Tout cela financé par emprunt, bien sûr.

La Chine est impactée à son tour, parce que ses principaux clients, les consommateurs américains, ne lui achètent plus autant. Les mille liens qui s'étaient tissés entre les deux empires sont autant de canaux de transmission de la crise. Pékin déclenche alors, au même moment que l'Amérique, une gigantesque relance budgétaire. De part et d'autre du Pacifique, on emprunte des centaines de milliards. L'Europe elle aussi tente sa relance, plus ou moins bien coordonnée, et plus modeste que celle des deux géants.

En France, c'est Nicolas Sarkozy qui est à la manœuvre. Son discours de Toulon, dix jours après la faillite de Lehman, avait fait preuve d'une clairvoyance remarquable sur l'étendue et les causes de cette crise, qui avait surpris comme un météore tombé dans le jardin. Pour autant, il fallait gérer le pays. En janvier, le chiffre des faillites d'entreprises tombe : 55 000, un record. Qui sera enfoncé pendant les mois qui suivent. 90 000 chômeurs de plus. Record, là encore. Pôle Emploi, l'agence d'aide aux chômeurs nouvellement créée, est débordée, et se voit contrainte de sous-traiter à des entreprises privées le conseil et le suivi des sans-emploi. La France fait comme ses voisins, elle laisse jouer le déficit budgétaire, victime d'un classique effet de ciseau amplifié par la violence de la récession : les recettes fiscales chutent, tandis que les dépenses s'envolent.

Les banques françaises sont maintenues hors de l'eau avec une garantie de la puissance publique qui leur sera facturée au prix fort. Partout dans le monde, des établissements financiers sont nationalisés. C'est Gordon Brown, le Premier ministre britannique, qui le premier nationalise une banque en difficulté, dès la fin 2007, sous les huées du *Financial Times* qui y voyait la main regrettable d'un socialisme honni par les financiers. Le commentateur du *FT*, Martin Wolf, fera plus tard amende honorable, en reconnaissant qu'il n'avait pas compris la gravité des troubles à venir. Quand la panique gagne, il n'y a plus qu'une seule signature qui inspire la confiance, c'est celle de l'État, grâce à sa capacité à lever l'impôt.

Dans tous les pays, cette crise inhabituelle soulève des interrogations morales sur le capitalisme et son esprit corrompu par les dirigeants de l'économie, en particulier ceux de la finance. Le trader devient le bouc émissaire. Si le monde s'effondre, c'est à cause de l'intempérance et de l'avidité des traders, lit-on dans la presse unanime, ébaubie par les mirifiques salaires et bonus versés à ces agents du diable. Une grande campagne mondiale commence alors : il faut moraliser le capitalisme. Un sommet du G20, groupe informel des vingt plus grandes économies de la planète, est organisé à Londres en avril, pour coordonner la relance planétaire et ouvrir le chantier de ce vaste programme de moralisation. Qui accouchera de modestes réformes sur le salaire des banquiers, largement contournées par la suite. Les normes comptables sont réécrites, afin de mieux protéger les établissements financiers. La crise prépare un monde neuf, pense-t-on alors : nouvelles règles, comportements réformés et risques réduits.

Baleine à la mer

À la mi 2009, l'économie mondiale redémarre. Une étrange théorie se fait jour, le « découplage » : les pays émergents semblent retrouver très vite leur croissance, alors que l'Occident peine à effacer les traces du choc récessif. Comme si les premiers avaient désormais des ressources suffisantes pour avancer seuls, sans les marchés mûrs. Les investissements industriels massifs que l'Occident a effectués dans le monde neuf depuis vingt ans, en Chine particulièrement, ont allumé là-bas des foyers de croissance autonome, alors que le vieux monde s'est dévitalisé. Les délocalisations, comme leur nom l'indique, ont provoqué un basculement dans la géographie économique de la planète. D'un côté du monde, les emplois sont rares et les revenus contraints, en particulier les revenus des emplois non qualifiés et de la classe moyenne. Alors qu'à l'autre bout de la planète, l'économie marchande ne cesse de s'agrandir.

En Europe, le redémarrage est encore plus poussif qu'aux États-Unis. Le Vieux Continent est victime d'un taux de change très pénalisant : en novembre 2009, l'euro vaut 1,49 dollar, tout près de son record historique. Ce qui renchérit ses exportations. À l'inverse, l'Amérique profite d'un dollar de combat, qui lui permet de redémarrer.

Cet écart dans les taux de change ne fait jamais que refléter une différence dans les politiques monétaires. Dès 2008, la Federal Reserve, banque centrale américaine, met en place l'« assouplissement quantitatif » : elle achète des centaines de milliards d'obligations, de l'État américain et des entreprises, en créant de la monnaie comme elle est autorisée à le faire. L'opération rend le marché plus liquide, à un moment de grande méfiance. Elle permet à tous les acteurs de l'économie, banque ou entreprise, de renouveler leurs dettes qui arrivent à échéance, plutôt que de tomber en faillite. Et elle fait baisser les taux du crédit, puisqu'elle augmente l'offre d'argent à prêter.

Comme une baleine qui nettoie l'océan, la Fed avale tout ce qui passe : elle devient le prêteur en dernier ressort, l'ultime assureur de tous les risques, en rachetant les emprunts contre du bon argent bien frais qu'elle a fabriqué avec ses ordinateurs. C'est en effet le privilège des banques centrales que de pouvoir garnir leur compte bancaire par une simple manipulation informatique. Le seul fait qu'un virement provienne de l'un de ces instituts d'émission le rend aussi crédible que des espèces sonnantes et trébuchantes, aux yeux de la communauté financière – la religion du veau d'Or a décidément des fondements bien fragiles… Conséquence, c'est le ventre de la baleine, le bilan de la Fed, qui s'arrondit et se charge de milliers de milliards de dollars de dette.

L'Europe est bien plus timorée. Car au sein de la Banque centrale européenne, les Allemands constituent la puissance d'influence. Ils n'aiment pas ces manipulations monétaires, qu'ils jugent dangereuses – toujours la psychose de l'inflation. Ils estiment de surcroît que ce n'est pas à la banque centrale de sauver les entreprises ou les États qui se sont endettés de façon excessive. La BCE avance donc prudemment sur cette route, alors que les États-Unis s'engagent sans retenue. L'offre d'euros est donc réduite, alors que celle de dollars explose : le prix des deux monnaies diverge, avec un taux de change faible pour la monnaie abondante et inversement.

Piège à deux mâchoires

Les malheurs de l'Europe vont s'aggraver dès le mois de décembre 2009. On apprend alors que la dette de la Grèce est dégradée par les fameuses agences de notation, qui sont supposées évaluer le risque des emprunteurs. Quelques semaines plus tôt, un nouveau gouvernement était arrivé à Athènes. En ouvrant les placards de son prédécesseur, Georges Papandréou, le Premier ministre, découvre des comptes publics dévastés : 12 % de PIB de déficit, qui avaient été soigneusement dissimulés. Le pays est insolvable. Il en sera réduit à faire appel à l'Europe pour un premier prêt de 110 milliards, en 2010, en contrepartie d'une violente purge fiscale. Sans succès. Les prêts se succèdent, tout comme les plans de rigueur ; la Grèce ne fait que s'enfoncer. C'est la crise de la zone euro, réplique de la secousse financière de 2008 : l'Europe aussi connaît son Lehman Brothers, c'est la faillite d'Athènes.

Peu après, la Grèce est rejointe au purgatoire par l'Irlande, elle aussi effondrée par les dettes accumulées. Puis par le Portugal. Puis par Chypre. Puis par l'Espagne, qui évite l'humiliation d'un plan de redressement mais demande quand même plusieurs dizaines de milliards d'euros pour renflouer ses banques grevées par une profonde crise immobilière.

À compter de 2012, l'Europe replonge donc dans la crise, alors que les autres régions du monde sont reparties. La plupart des États de la zone euro sont victimes de la même maladie, plus ou moins profonde selon les cas : ils ne peuvent dévaluer leur monnaie pour retrouver de la compétitivité, à cause de l'union monétaire qui a gelé les taux de change. Ils se trouvent mordus par un piège à deux mâchoires : monnaie surévaluée et montée de la dette, accumulée pour faire face à la crise.

Le tout produit une catastrophe sans précédent. Quatre ans après le déclenchement de la crise, le chômage recommence à progresser... Et l'économie se contracte à nouveau, après une brève reprise. Tous les gouvernements pratiquent alors la même politique, faute de pouvoir dévaluer comme le font les Britanniques et les Américains : ils augmentent les impôts pour redresser leurs comptes, et tentent de baisser les salaires pour retrouver de la compétitivité sur les marchés extérieurs.

En France, les impôts augmentent continûment en 2011, 2012 et 2013, au fil des plans de rigueur, de Sarkozy à Hollande. Celui-ci tape comme un sourd sur les ménages, croyant à l'imminence d'une reprise qui lui aurait permis d'absorber le choc fiscal.

Partout, ce sont les ménages qui trinquent le plus, parce qu'on ne veut pas fragiliser les acteurs dont on attend la reprise, les entreprises.

En apparence, cette politique est rationnelle. Et surtout, c'est la seule disponible dans le cadre contraint d'une union monétaire dominée par l'Allemagne, qui estime que la vertu budgétaire est le socle de la prospérité. En réalité, les effets dépressifs de cette stratégie se cumulent pour entraîner l'Europe par le fond. Au point que même les marchés financiers, réputés eux aussi attachés à l'orthodoxie budgétaire, finissent par s'inquiéter : ils comprennent bien que cela ne tiendra pas. Et ils vendent les titres de la dette publique européenne, en spéculant sur une explosion de la zone euro, provoquant une montée des taux d'intérêt. À l'été 2012, la zone euro se trouve en récession, chargée d'impôts nouveaux, avec une monnaie bien trop forte pour toute la moitié méridionale, une dette colossale et des taux d'intérêt élevés qui interdisent tout investissement… On ne peut pas pire.

Il n'y a guère que l'Allemagne et l'Autriche qui se portent bien, regardant leurs voisins s'enfoncer dans les sables mouvants tout en leur prodiguant leur bon conseil : rétablissez d'abord vos comptes, les amis !

Quoi qu'il en coûte

Pourquoi les peuples ont-ils accepté une telle punition, si vaine et si pénible ? Il y a là un mystère, en particulier dans les pays du Sud, en Grèce qui n'avait aucune perspective dans l'union monétaire – et n'en a guère davantage aujourd'hui – sinon une succession de plans de redressement ? Pourquoi les Grecs, les Italiens, les Français ont-ils préféré rester dans l'euro au prix d'une telle purge ? Il faut y voir encore la volonté de nos baby-boomers. En 2012, ils sont pour beaucoup à la retraite. Ils ont constitué un patrimoine, qu'ils ne veulent pas voir se dévaluer. Pour eux, mieux vaut une monnaie forte et délétère plutôt qu'une monnaie fondante et l'inflation. Eux-mêmes qui avaient profité de la hausse des prix pour acquérir à bon prix leur logement, dans les années soixante-dix, en remboursant des crédits devenus sans valeur, veulent profiter des fruits de leur capital pour leurs vieux jours. Mieux vaut l'euro avec le chômage des jeunes, plutôt que le retour au franc avec la ruine des rentiers.

Fort heureusement, un homme va trouver le moyen de sortir de ce carré de contraintes, le 26 juillet 2012. C'est Mario Draghi, le nouveau patron de la banque centrale européenne. Ce jour-là, il prononce trois mots qui mettront fin à la crise : *whatever it takes.* Nous sauverons l'euro, *quoi qu'il en coûte.* Les investisseurs comprennent qu'ils ont désormais face à eux une puissance financière illimitée. Jusque-là, ils avaient un doute, à cause de l'opposition des Allemands devant toute action qui pouvait ressembler de près ou de loin à un sauvetage du Club Med. Draghi passe donc outre les préventions teutonnes, et la tempête se calme.

L'Europe vivote ainsi, jusqu'en janvier 2015, où Draghi annonce un véritable programme d'« assouplissement quantitatif ». Autrement dit, il fait tourner la planche à billets à plein régime. Il accélérera encore en 2016. L'Europe aura attendu près de dix ans pour sortir l'arme anticrise que l'Amérique avait déployée dès les premiers combats. La reprise intervient alors, mais pas en France ni en Italie, qui devront attendre 2017 pour connaître un bref épisode de croissance.

C'est au tour de la BCE de voir alors son bilan s'alourdir de milliers de milliards de dettes. Des titres qui ont voyagé : la dette initiale avait souvent été créée par le secteur privé, banques ou entreprises. La crise a fait passer ces dettes au bilan de l'État, pour soutenir l'économie. Mais les États ont ployé à leur tour, rejetant le fardeau sur le « prêteur en dernier ressort » qu'est la Banque centrale.

À suivre les indicateurs, à la fin des années deux mille dix, la crise est oubliée. Mais pas dans la réalité. La croissance revenue est en effet mauvaise fille : elle ne se fixe que dans les zones urbaines, et cela dans tous les pays. Elle profite surtout aux classes les plus aisées, les plus mobiles, les mieux formées. Alors que naguère la reprise finissait par entraîner tout le monde, la voici qui choisit désormais ses élus. Et abandonne les réprouvés.

Pire, les outils anticrise ont augmenté les inégalités. En inondant la finance de liquidités dans l'espoir qu'elles percolent pour ranimer l'activité, les banquiers centraux ont relancé la course à la dette. Et avec elle l'envolée des marchés financiers et des prix de l'immobilier dans les grandes villes. Ceux qui en profitent, ce sont encore une fois les détenteurs du capital – plutôt les plus de cinquante ans – qui voient leurs actifs s'apprécier. Alors que les non-qualifiés, eux, subissent l'attaque de leurs emplois sur deux fronts, celui de la concurrence internationale et celui de la technologie qui se substitue au travail humain. Les mêmes ruptures, mondialisation et innovation, créent des menaces pour les uns, et des opportunités sans pareil pour les autres.

Cette divergence des destins nourrit un ressentiment croissant à l'endroit des élites, des corps intermédiaires, des patrons, des journalistes, des dirigeants politiques, accusés de bâtir et de protéger un monde qui leur est favorable. La crise des migrants, larvée aux États-Unis, plus brutale en Europe à compter de 2015, déboussole encore davantage les gouvernements et les peuples. Et les frontières, démontées dans la liesse vingt ans plus tôt, redeviennent un objet politique, qui structure l'offre des partis. Les formations classiques, de gauche comme de droite, les récusent, célébrant l'ouverture, tandis que les nouvelles, dites populistes, les réhabilitent et voudraient les rehausser.

Le 23 juin 2016, les électeurs britanniques votent à 51,9 % pour sortir de l'Union européenne, c'est le Brexit. C'est la première fois que le désir de frontières trouve une traduction politique si claire en Europe. En novembre de la même année, les électeurs américains se donnent pour président Donald Trump, militant lui aussi du retour des frontières. Encore une fois, le monde anglo-saxon est en avance. Comme ils l'avaient fait aussi pour la vague libérale en 1979 avec Thatcher et Reagan, le Royaume-Uni et les États-Unis initient une révolution idéologique qui va gagner la planète.

1919, 1929, 1939

Le précédent autoritaire

Pour comprendre où va nous emmener cette révolution idéologique dans les années qui viennent, il faut revenir à la fin du cycle précédent. Car, si les événements ne se reproduisent pas avec la précision d'une horloge suisse, les correspondances d'un point à l'autre du siècle sont troublantes. Et éclairantes. Reprenons donc notre voyage dans les années en 9.

Au lendemain de la Première Guerre mondiale, l'économiste britannique Keynes publie un pamphlet où il critique, de façon fort lucide et bien rare à l'époque, les conditions que les vainqueurs imposent à l'Allemagne lors du traité de Versailles, signé en 1919. Une paix « carthaginoise », selon le mot qu'il utilise alors, comparant leur brutalité à celle des guerres puniques de l'Antiquité. Dans ce texte, Keynes évoque aussi l'avant 1914, qui reste dans les esprits comme une sorte d'âge d'or – qu'on appelle toujours en France la Belle Époque. Curieux surnom pour des temps très libéraux, qui n'étaient cléments que pour la petite élite décrite par Keynes dans *Les conséquences économiques de la paix*. « Quel extraordinaire épisode du progrès économique de l'homme, cette époque qui prit fin en août 1914 ! », écrit-il, « la plus grande part de la population travaillait dur, il est vrai, et ne jouissait que de satisfactions restreintes. Elle semblait cependant, selon toute apparence, se contenter raisonnablement de son sort. Tout homme, dont le talent ou le caractère dépassait la normale, pouvait s'échapper vers les classes moyennes ou supérieures, auxquelles la vie offrait, à peu de frais et sans difficultés, des commodités, des aises et des douceurs qui étaient hors de l'atteinte des plus riches et des plus puissants monarques des autres temps. Un habitant de Londres pouvait, en dégustant son thé du matin, commander, par téléphone, les produits variés de toute la Terre en telle quantité qui lui convenait, et s'attendre à les voir bientôt déposés à sa porte ; il pouvait, au même instant et par les mêmes moyens, risquer son bien dans les ressources naturelles et les nouvelles entreprises de n'importe quelle partie du monde et prendre part, sans effort ni souci, à leur succès et à leurs avantages espérés. Il pouvait décider d'unir la sécurité de sa fortune à la bonne foi des habitants d'une forte cité, d'un continent quelconque, que lui recommandait sa fantaisie ou ses renseignements. Il pouvait, sur-le-champ, s'il le voulait, s'assurer des moyens confortables et bon marché d'aller dans un pays ou une région quelconque, sans passeport ni autre formalité ; il pouvait envoyer son domestique à la banque voisine s'approvisionner d'autant de métal précieux qu'il lui conviendrait. Il pouvait alors partir dans les contrées étrangères, sans rien connaître de leur religion, de leur langue ou de leurs mœurs, portant sur lui de la richesse monnayée. Il se serait considéré comme grandement offensé et aurait été fort surpris du moindre obstacle. Mais, par-dessus tout, il estimait cet état de choses comme normal, fixe et permanent, bien que pouvant être amélioré ultérieurement. »

Le temps des empires

Avant la Grande Guerre, la mondialisation avait atteint un point haut sans aucun précédent. Les hommes, les capitaux et les marchandises franchissaient les frontières sans restrictions ni contrôles – l'écrivain George Duhamel raconte passer alors d'un pays à l'autre avec sa seule carte de visite. Le développement des moyens de transport – le réseau ferré, l'amélioration considérable de la vitesse des navires – déchaîne le commerce international. L'exploitation des câbles longue distance – le premier à traverser l'océan Atlantique date de 1865 – permet de connecter les places financières du monde entier en temps réel ou presque, comme aujourd'hui. Un tiers de l'épargne des Britanniques est investi à l'étranger, sous la forme d'actions et d'obligations.

La sécurité des transactions est assurée au plan politique par l'existence d'empires puissants, l'Empire britannique, l'Empire austro-hongrois, l'Empire allemand, celui de Russie, celui de Chine, l'Empire ottoman. Autant de vastes ensembles qui ont unifié leur territoire et y font valoir une loi unique. Au plan économique, la fluidité des échanges est permise par le système de l'étalon-or. Une sorte d'union monétaire mondiale, où chaque monnaie nationale est convertible en une quantité définie de métal jaune. Le système qui assure au capital une grande sécurité – pas de dévaluation possible et pas davantage d'inflation, avec l'assurance que les gouvernements conduisent des politiques économiques orthodoxes, puisque dès qu'un pays dépense plus qu'il ne faut et compromet ainsi son stock d'or, il ne peut plus créer de monnaie et provoque une violente récession, le temps que la demande se réajuste. La fixité des changes est le seul point solide du système économique de l'époque, à charge pour tous les acteurs, gouvernements, travailleurs, entreprises, de s'y adapter, pour le plus grand profit du capitaliste. Les élites européennes y voient le socle de la prospérité, parce qu'il s'agit d'une sorte d'autoroute pour la mondialisation, qu'il garantit la confiance pour le capital et fonctionne tout seul, sans l'intervention de la puissance publique.

Tout cela va exploser avec la guerre. L'Empire austro-hongrois s'effondre, tout comme l'Empire allemand, celui de Russie ainsi que celui de Chine. En quelques années seulement. Quant à l'empire britannique, s'il résiste, sa domination n'est plus si entière, concurrencé qu'il est par la nouvelle grande puissance mondiale, les États-Unis. Et l'étalon-or cède lui aussi, sous la nécessité dans laquelle sont les États pour financer la guerre. Ils quittent ce corset doré pour imprimer les billets indispensables à l'achat des armes et l'entretien des troupes. Quitte à creuser la dette et provoquer de l'inflation.

En 1919, l'Europe, naguère unifiée par le capitalisme libéral et par la volonté d'empereurs plus ou moins issus de la même famille, se trouve donc détruite par la guerre et dominée par la haine que le conflit a provoquée. D'où l'insistance des Français à obtenir les réparations les plus lourdes pour l'Allemagne, avec l'inflexibilité de Clemenceau lors de la négociation de Versailles, un « vieillard dont les impressions les plus vives et les idées les plus actives se rattachent au passé », écrit Keynes, lui-même membre de la délégation britannique qui a travaillé sur le traité de paix. Keynes pressent que les exigences françaises ne seront jamais honorées, parce qu'elles veulent réinstaller l'Allemagne dans la situation d'avant 1870 – impensable, on ne remonte pas le cours de l'Histoire. Surtout pour un peuple qui cherchait sa « place au soleil », comme l'avait dit l'empereur déchu Guillaume II. L'Anglais voit également qu'à trop humilier le perdant, le risque est grand de ne jamais éteindre les rancunes, et de provoquer un déséquilibre mortifère. Mais il est bien seul.

Restauration libérale

Une fois le traité signé, les dirigeants européens s'attellent à reconstruire l'ordre libéral d'antan. Avec la conviction que l'ouverture des frontières, et la fixité des changes autour de l'or, est le meilleur des systèmes. Ignorance des bouleversements géopolitiques profonds que la guerre a déclenchés, avec la fin des empires ? Volonté de revenir à un « âge d'or » idéalisé par les horreurs et les destructions que le conflit mondial a provoquées ? C'est en tout cas à une sorte de restauration libérale que se vouent les milieux dirigeants en Europe. Pour faire bonne mesure et éviter les désastres à venir, l'on crée toutefois, en 1919, la Société des Nations – une enceinte où les gouvernements peuvent se parler, tout en étant complètement improductive. Le tout sans les États-Unis, qui se referment dans l'isolationnisme la guerre à peine terminée.

La restauration libérale commence par le début, c'est-à-dire la monnaie et le retour à l'étalon-or. Comme toujours, les premiers sont les Anglais. Sous la pression des financiers de la City, le chancelier de l'Échiquier, Winston Churchill, rétablit la convertibilité-or de la livre sterling à son cours d'avant-guerre. Ce sera l'une des grandes erreurs du grand homme, car ce taux de change ne correspond plus du tout à la compétitivité de l'Empire, après la guerre. Les Britanniques le paieront avec une faible croissance et un chômage élevé. Une fois encore, Keynes voit juste, et dénonce la fausse manœuvre et l'adoration de la « relique barbare » dans un nouveau pamphlet, *Les Conséquences économiques de Mr Churchill*. Et Keynes, encore lui, prévoit que la dette allemande sera impayable. Que dirait-il des nôtres aujourd'hui, cascade de billets impossible à remonter ?

Comme toujours, la France tarde un peu, ralentie qu'elle est par l'expérience du Cartel des gauches, en 1924. La gauche au pouvoir est en effet contrariée par ce qu'Édouard Herriot, le président du Conseil d'alors, appelle le « mur de l'argent ». C'est-à-dire l'hostilité de la finance et la fuite des capitaux. Impossible de rétablir la fixité des changes et la convertibilité-or dans ce contexte. La France pense de surcroît que les jours à venir seront meilleurs car « l'Allemagne paiera », comme le répètent les journaux de tous bords, c'est-à-dire que l'énorme trou laissé par les dépenses de la guerre sera comblé grâce aux réparations allemandes prévues par le traité de Versailles. Qui ne viendront pourtant jamais dans les hauteurs espérées.

Il faudra attendre Raymond Poincaré, en juin 1928, pour que le franc retrouve sa convertibilité en métal jaune. Poincaré fait alors d'une pierre deux coups. Le franc réintègre le système de l'étalon-or, mais au prix d'une considérable dévaluation par rapport à la valeur d'avant-guerre. Sa valeur mesurée en grammes d'or est divisée par cinq par rapport à 1914... Ce qui le fait surnommer « franc à quatre sous », puisqu'il ne vaut que vingt centimes d'avant-guerre (un sou égale cinq centimes). L'opération est un succès, la France repart, portée par une monnaie de combat. La dette et les rentiers, eux, ont pris un sale coup. Alors que la valeur du franc dit « germinal » n'avait pas changé tout au long du XIXe siècle, le voilà amputé des quatre cinquièmes ! C'était une manière de supprimer cet énorme parasite financier sur le dos de la nation France, la dette.

Nouvelle ère, nouveau monde

Tout au long des années vingt, cet ordre libéral semble rétabli. Entre 1925 et 1929, la production industrielle mondiale progresse d'un cinquième, les exportations dépassent le niveau qu'elles avaient atteint en 1913. Un climat d'euphorie s'installe sur les marchés financiers. L'extraordinaire progression des cours boursiers est nourrie par des innovations technologiques comme l'aviation, la voiture, la radio, l'électricité. Six cents stations de radio émettent alors outre-Atlantique et RCA, l'une des principales, devient la star de Wall Street, au point qu'on l'appelle « le General Motors des ondes » et qu'elle voit son cours multiplié par sept sur la seule année 1929. Le perfectionnement du moteur électrique libère un potentiel de construction formidable dans les villes américaines, grâce à l'ascenseur, qui autorise les buildings les plus audacieux dans leur hauteur.

C'est l'Amérique qui est le cœur de cette « nouvelle ère », dont la prospérité est si forte qu'elle semble ne pas devoir s'arrêter. C'est elle qui commence à être le bailleur du monde, et cela semble sans limite. Les économistes eux-mêmes sont mystifiés et pronostiquent la fin des cycles et une croissance sans terme – exactement comme à la fin de nos années quatre-vingt-dix. À la veille du krach, l'un des économistes les plus influents, Irving Fisher, déclare que les cours de la Bourse ont atteint un « haut plateau permanent ». De décembre 1922 à octobre 1929, les cours de Wall Street sont multipliés par près de quatre.

Tout autant que les inventions techniques, c'est la révolution du management des usines, en particulier dans l'automobile – le travail à la chaîne –, qui dope la productivité. Tandis que l'essor des services financiers, l'invention du crédit pour les particuliers, et celui de la publicité, soutiennent la consommation des ménages. Paul Claudel, ambassadeur de France aux États-Unis, raconte ainsi dans l'un de ses télégrammes adressés au Quai d'Orsay, en 1929, cette « nouvelle pratique qui s'est généralisée partout en Amérique, des achats non plus comptant mais par *instalments*, c'est-à-dire par amortissement graduel. Le résultat a été d'augmenter énormément les puissances d'achat du pays en ajoutant au capital actuel une avance sur le capital futur ». En 1929, 60 % des automobiles sont achetées à crédit aux États-Unis. « L'industrie de l'*advertisement* – la publicité – a pris un caractère tellement envahissant qu'elle ressemble à une effraction », note encore l'écrivain, qui voit dans le capitalisme des années vingt « un état de choses où le producteur produit sans profit et l'acheteur achète sans besoin ». On ne saurait mieux résumer la frénésie qui s'empare alors du Nouveau Monde et, à sa suite, de tous les pays développés, qui rompent avec les souvenirs sanglants de la guerre en croyant avoir renoué avec une prospérité durable.

Les 23 et 24 octobre 1929, pourtant, commence le krach, avec des chutes de valeurs de 20 % en une heure. Sans prévenir autrement que par la profusion de déclarations et d'analyses exagérément optimistes – toujours le signe que le retournement n'est pas loin – la bulle spéculative explose. Les investisseurs n'y voient alors qu'une correction bienvenue, qui permettra de repartir de façon plus solide. Mais le 28 octobre, lundi noir, le krach frappe à nouveau violemment. L'indice perd 14 % sur la journée. Du jamais vu. Les « trusts », ces sociétés financières chargées de papier à la valeur soufflée par la spéculation, tombent en faillite par dizaines, plombant les banques qui leur avaient massivement prêté. En quelques jours, l'équivalent de la moitié du PIB en richesse boursière, artificielle, certes, s'est envolé.

L'onde de choc s'étend sur la planète. D'abord à cause du mimétisme des boursiers, à une époque où l'information circule instantanément entre les grandes places financières, qui leur fait vendre à Paris et à Londres tout simplement parce que New York a baissé, de la même façon qu'ils achetaient massivement la semaine d'avant en répliquant le comportement qu'ils observaient à Wall Street. Ensuite à cause des rapatriements massifs de capitaux qu'opèrent les Américains pour combler leurs pertes. Alors qu'ils avaient arrosé d'argent l'Europe dans les années qui précédaient, les banquiers américains l'assèchent littéralement après le krach. Et enfin à cause de l'effondrement de la demande en matières premières que l'ogre industriel américain consommait au temps de son expansion. Faute de demande, les cours chutent, celui du cuivre, du caoutchouc, du coton, ainsi que tous les produits agricoles, transmettant la crise à tous les pays producteurs.

Chez les dirigeants politiques et dans les milieux d'affaires, c'est le déni qui l'emporte pendant plusieurs mois : la situation va revenir à la normale, pense-t-on, le krach n'a fait que purger le système, qui en avait besoin ! Il faut pourtant se rendre à l'évidence : la crise financière mord sur l'économie. Les banques ne prêtent plus, tétanisées par la peur de faire faillite, tant à cause des prêts non remboursés que des retraits de dépôts, qui s'accentuent. Or, faute de financement, les entreprises ne parviennent plus à fonctionner… Et ne remboursent pas leurs prêts ! Un engrenage mortifère.

Cage dorée

En décembre 1930, Keynes publie un nouvel essai, *La Grande Crise de 1930*, dans lequel il qualifie les événements de « l'une des plus grandes catastrophes économiques des temps modernes ». Le Britannique est encore une fois l'un des seuls à comprendre la portée de ces événements exceptionnels. La production industrielle américaine s'est effondrée de 30 % aux États-Unis, de 25 % en Allemagne et de 20 % au Royaume-Uni. Quant au nombre de chômeurs, il atteint cinq millions en Amérique et presque autant en Allemagne. Curieusement, la France semble protégée des troubles mondiaux. Sa Bourse a moins chuté qu'ailleurs, et l'économie résiste. Elle est, dira l'économiste Alfred Sauvy, « attardée dans le grand drame », tout simplement parce qu'elle mange les bénéfices de la très forte dévaluation intervenue peu avant. Et qu'elle attire ainsi les stocks d'or de la planète, contribuant à la crise de liquidité mondiale. Keynes pourtant avait imaginé une méthode que les néo-libéraux ont appliquée sans vergogne après 2008 : multiplier la production monétaire via les déficits publics, pour passer outre le cycle de crise. Mais pour l'heure peu accordent crédit à une telle vision.

En mai 1931, la Kreditanstalt de Vienne, une institution financière autrichienne, fait faillite, et déclenche un effet domino dans toute l'Europe. Les retraits de déposants se multiplient en Autriche, en Hongrie, en Allemagne… Dix-huit pays voient leur système bancaire mis en péril. Des dizaines d'établissements financiers mettent la clé sous la porte. Les banques centrales cherchent à rétablir les circuits d'irrigation financière de l'économie, mais sans succès. Quant aux États, ils n'ont alors que peu de moyens d'agir avec des relances budgétaires. Aux États-Unis avant le krach, les dépenses publiques fédérales ne comptent que pour 2,5 % du PIB ! Les baisses d'impôts décidées par le président Herbert Hoover ne suffisent donc pas à ranimer la flamme. Pas plus que ses quelques mots restés célèbres pour figurer l'aveuglement des dirigeants politiques : « La reprise est au coin de la rue. »

La plupart des gouvernements se contentent d'attendre, comme le leur enseigne la conduite des affaires publiques du XIXe siècle : pas d'intervention, et l'économie finira bien par se remettre. Mais l'étalon-or, qui avait été le socle de la prospérité de naguère, que tous avaient cherché à rétablir au lendemain du conflit, se révèle un terrible agent de propagation de la crise. D'abord parce qu'il interdit aux gouvernements de dépenser davantage pour soutenir leur économie, et de dévaluer leur monnaie pour éviter la déflation et la baisse des salaires réels : les taux de change du système n'étaient pas flexibles. C'est ce qui avait conduit l'Australie, le Brésil et quelques autres à quitter ce carcan dès le déclenchement de la crise et la violente chute des cours de matières premières qu'ils produisaient. Pragmatique, le Royaume-Uni quitte lui aussi l'étalon-or et dévalue massivement la livre sterling, en septembre 1931, sous l'influence intellectuelle de Keynes qui pourfend ce système trop rigide.

Londres avait été la première à réintégrer la cage dorée, c'est la première à en partir, réparant ainsi l'erreur de Winston Churchill, six ans plus tôt. La dévaluation, d'un tiers, est la première depuis qu'Isaac Newton avait établi le cours de la livre en or, en 1717 ! Bon nombre de pays suivent, dans le nord de l'Europe en particulier, pour retrouver la flexibilité monétaire qui leur fait défaut. Mais d'autres s'accrochent au système, entretenus dans leurs illusions par les souvenirs d'une époque disparue, en France tout particulièrement.

Ces pays payent cher leur entêtement. Car, et c'est l'autre vice de l'étalon-or, les capitaux circulent librement d'un pays à l'autre, sans entrave aucune. C'est même pour cela que le système avait été mis au point : garantir aux détenteurs de capital liberté et sécurité totales. Dès lors que le Royaume-Uni dévalue, les investisseurs convertissent massivement leurs dollars en or, par crainte que le billet vert ne soit, lui aussi, dévalué. Pour limiter la fuite de capital, les autorités américaines en sont réduites à augmenter les taux d'intérêt, ce qui fragilise encore davantage une économie déjà moribonde… Le système de l'étalon-or et sa rigidité ont donc été un facteur majeur, non pas du déclenchement de la crise, mais de sa propagation et de son aggravation.

Au cœur de l'hiver 1931-32, alors que le gouverneur de New York, Franklin Delano Roosevelt, vient d'être élu président des États-Unis mais qu'il n'a pas encore pris ses fonctions à la Maison Blanche, c'est la désolation qui prévaut en Amérique, ainsi que dans la plupart des pays européens. Banques en faillite, criminalité en hausse, chômage massif. Bertrand de Jouvenel raconte ainsi une scène qu'il a observée au Royaume-Uni, à l'entrée du port de Liverpool : « Les hommes viennent, attendent une, deux, trois heures, puis vont attendre ailleurs. Les compagnies les connaissent tous. Si par hasard on a besoin d'un travailleur, on ouvrira un guichet, on appellera un nom, on fera entrer un ouvrier. La porte se refermera bien vite. Et on y attachera de nouveau la pancarte blanche, portant ces mots : MEN NOT WANTED. On n'a pas besoin d'hommes. »

Et aucune solution ne se profile. Nulle part. Dans le monde d'avant, avant la Grande Guerre, les crises économiques étaient parfois très violentes, elles provoquaient une baisse des prix et des salaires douloureuse, mais salvatrice. De l'effondrement naissait la reprise. Cette fois-ci, rien de comparable. La déflation ne fait que se renforcer, détruisant la confiance des agents économiques dans le système, et provoquant un inquiétant retour en arrière jusqu'à la société du troc. Le monde libéral ne parvient pas à résoudre la crise qu'il a engendrée. En partie parce que persiste un considérable stock de dettes accumulées, le poids du passé qui oblitère le présent. Irving Fisher, celui qui avait été le héraut de la « nouvelle ère » et l'admirateur béat de la Bourse en lévitation, tourne casaque et devient l'un des analystes les plus pénétrants de la panne économique. Il explique que le monde est victime d'une crise de surendettement déflationniste. Alors que les prix et l'activité chutent, le prix relatif des dettes ne cesse d'augmenter et finit par écraser les débiteurs, condamnant toute reprise. En 1932, la production industrielle des États-Unis avait chuté de moitié par rapport à 1929. Le chômage atteignait 24 % de la population active, et 44 % en Allemagne. Le commerce international avait chuté de deux tiers, les marchés financiers et le système bancaire étaient quasiment à l'arrêt.

Inversion idéologique

Le cycle libéral s'arrête alors, lui qui n'avait pas été interrompu par le conflit le plus meurtrier qu'ait connu l'humanité. Après la parenthèse de la Grande Guerre, il avait en effet repris son cours, pour s'amplifier même durant les années vingt et finir dans un krach retentissant.

Pourquoi la restauration libérale avait-elle ainsi échoué ? Marcel Gauchet y voit l'effet « révolutionnaire » de la guerre, sous-estimé alors, sur les mœurs et l'organisation de la société, sur la géopolitique avec la disparition des empires. La restauration n'allait donner qu'un répit au Vieux Monde, retardant la crise du libéralisme pour la rendre encore plus brûlante.

Jeffry Frieden y ajoute les transformations de l'économie. La concentration des entreprises et leur taille croissante allaient, indirectement, conduire les masses laborieuses à s'organiser, avec la montée des syndicats. Comment le système libéral aurait-il pu survivre à ces forces nouvelles, lui qui régnait sur un monde atomisé, fait d'innombrables entreprises avec des travailleurs qui n'étaient souvent pas même salariés mais indépendants, auxquels il imposait de violents ajustements pour permettre la libre circulation du capital ? Avec les syndicats et les cartels d'entreprise, les baisses de salaires et de prix, nécessaires pour faire repartir l'économie, n'étaient plus aussi faciles à provoquer qu'avant. La profondeur de la dépression des années trente s'explique par le conflit entre les idées d'avant 1914 et une réalité sociale et économique bouleversée par la guerre, l'innovation et l'irruption de la production de masse avec la société de consommation, estime l'économiste américain.

C'est donc la crise qui frappe le libéralisme de discrédit, quand la guerre n'y était pas parvenue. Toute l'élite politique et économique s'interroge sur les causes et les remèdes de ce mal qu'elle n'avait pas prévu, et se détourne peu à peu des préceptes classiques du laisser-faire économique qui avaient prévalu avant la guerre. Les plus rapides à opérer ce tête à queue idéologique sont, comme d'habitude, les Anglo-Saxons, les Anglais en tête avec Keynes.

Faute de solution libérale à la crise, le monde opère une révolution idéologique. Elle se manifeste tout d'abord dans le champ politique. Les dictatures fleurissaient déjà en Europe depuis le milieu des années vingt, elles se multiplient, au sud avec l'Italie, la Grèce, l'Albanie, le Portugal, puis l'Espagne, à l'est également, avec la Hongrie, la Pologne, la Yougoslavie, la Lituanie, la Roumanie, l'Estonie, la Bulgarie… En Amérique du Sud également, en Asie, avec le Japon de Takahashi. Mais la révolution porte aussi sur l'économie : la liberté est une valeur déclinant au profit de l'ordre et de la protection, qui s'imposent dans tous les pays et tous les régimes. Le marché s'incline devant l'État, qui prend un essor sans aucun précédent dans la conduite des affaires. Tout au long des années trente, l'emprise du politique sur l'économie ne cessera de se renforcer, dans le monde totalitaire bien sûr, tant communiste que fasciste, mais aussi au sein des démocraties qui subsistent. Le Plan triomphe, comme l'expression de la volonté politique, celle du peuple, qui s'impose aux forces économiques pour les conduire au service de la société. L'ouverture à l'étranger est dénoncée, parce qu'elle implique une forme de dépendance qui n'est plus acceptée, particulièrement en matière financière. Le banquier étranger est le bouc émissaire désigné à la vindicte des peuples, qui fait sa fortune en suçant le sang des travailleurs. En l'espace de quelques années seulement, le consensus se retourne en faveur de la fermeture des frontières.

L'idéologie sert de ciment à ces sociétés nouvelles : « À la neutralité libérale et aux divisions d'opinion […], les nouveaux régimes opposent la communauté de conviction qui soude les dirigeants et la base dans une vision partagée de l'avenir à construire », note Marcel Gauchet. Nombre de ces régimes, les nazis en Allemagne, les fascistes en Italie, iront jusqu'à l'autarcie. En quelques années, le krach et ses conséquences auront inversé complètement les règles de l'économie, pour emmener le monde dans une phase de nationalisme économique, dirigiste et protectionniste sans précédent, alors que l'Europe presque entière bascule à droite, voire à l'extrême droite. Le plus singulier, c'est que ces expériences ont eu des résultats rapides et spectaculaires, là où les démocraties libérales avaient échoué.

Schacht et l'expérience nazie

C'est en Allemagne que la situation économique était la plus détériorée, sous le triple effet des dommages de guerre, du poids des réparations et de la dépression mondiale. Après avoir vaincu l'hyperinflation des années vingt, l'Allemagne lutte péniblement contre la crise jusqu'à l'expérience déflationniste du chancelier Brunning, un échec retentissant, toujours à cause de l'étalon-or qui interdit la dévaluation monétaire et impose des baisses de salaires. Hitler est nommé chancelier le 30 janvier 1933, alors que le chômage atteint six millions de personnes dans le pays et que l'industrie allemande tourne à moins de la moitié de ses capacités.

Avec l'aide de celui qui était parvenu à éteindre la folie inflationniste dix ans auparavant, Hjalmar Schacht, le nouveau pouvoir nazi prend le contrôle intégral de l'économie. Sans quitter tout de suite l'étalon-or, Schacht suspend le paiement de la dette allemande, et perfectionne un système monétaire parallèle qui avait été mis en œuvre peu auparavant pour financer les dépenses de l'État. Il s'agissait de payer les entreprises qui fournissaient leurs services ou leurs produits à l'État en reconnaissance de dettes, elles-mêmes porteuses d'intérêt. Les sociétés d'armement sont ainsi payées en titres délivrés par une mystérieuse société, la MEFO Gmbh, garantie par tout l'establishment bancaire allemand, qui avait fait allégeance aux nazis par l'intermédiaire de Schacht. Ainsi garanties, les traites deviennent escomptables auprès de la Reichsbank, la banque centrale.

Les titres MEFO deviennent donc une seconde devise, intérieure celle-ci, acceptée par les agents économiques et que le gouvernement pouvait émettre sans trop de contraintes. C'est ainsi que sont financées les gigantesques opérations pour créer des emplois. Le chantier des *Autobahnen*, les autoroutes, construites non seulement pour donner du travail mais aussi pour moderniser le pays et permettre à l'armée de se déployer sur des voies modernes. Six mille kilomètres d'autoroutes furent construits sous la supervision de l'ingénieur Fritz Todt, avec un budget de cinq milliards de marks, raconte l'historien Adam Tooze. Les dépenses militaires jouent également un rôle considérable dans la remise au travail des chômeurs. Entre 1933 et 1935, la part de ces dépenses passe de 1 % à 10 % du PIB, faisant tourner à plein régime un complexe militaro-industriel qui fournit le quart de la production industrielle du pays.

Les commandes aux chantiers navals nationaux se succèdent, au mépris des engagements pris lors du traité de Versailles, qui avait limité le réarmement. Berlin prévoit ainsi 48 destroyers au lieu des 12 autorisés, et 72 sous-marins, alors que pas un n'avait été permis.

De nouveaux secteurs sont investis, comme l'aéronautique. Avant l'arrivée de Hitler, l'industrie allemande employait 3 200 personnes et avait un potentiel d'une centaine d'appareils produits chaque année. Quelques années plus tard, ce sont 250 000 personnes qui y travaillent, capables de fournir annuellement 10 000 avions de combat… Le tout provenant d'entreprises apparemment privées, mais en réalité complètement sous la coupe de l'État. Hitler le dit lui-même dans un discours de 1933 : « l'entreprise privée n'était pas viable à l'âge de la démocratie », car elle était dominée par les intérêts personnels. Alors que, sous le IIIe Reich, la voici investie dans le bien commun, sous la direction éclairée du Führer. « Les premières années du régime hitlérien virent l'imposition aux entreprises allemandes de contrôles sans précédent en temps de paix », estime Tooze. Le Plan affecte à chaque entreprise son quota de matières premières, et ses autorisations d'importer, au moyen d'une bureaucratie importante – encore de nouveaux emplois. L'administration va jusqu'à imposer la création de cartels « volontaires ». Il y en a 1 600, dans les secteurs productifs les plus variés, qui contrôlent étroitement les prix et les salaires sous l'œil de l'administration.

Le grand capital allemand a bien des préventions initiales, car les « hitlernomics » heurtent ses principes libéraux. Mais il compose tout d'abord, et finit par soutenir celui qui va remettre de l'ordre dans le pays. Peu à peu, il s'accommode de faire des profits dans ce nouveau système dominé par la puissance publique nazie. De nouveaux produits sont lancés, comme le poste de radio du peuple (*Volksempfänger* VE 301, dont le nom marquait l'arrivée de Hitler à la chancellerie, le 30 janvier), fabriqué par centaines de milliers d'exemplaires et commandé massivement par le ministère de la Propagande afin que les Allemands reçoivent les chez eux les précieuses ondes véhiculant les discours hitlériens. Plus tard seront lancés la *Volkswohnung*, l'habitation du peuple, et bien sûr la voiture du peuple, la Volkswagen, lancée au deuxième Salon international de l'automobile à Berlin, en 1934, et confiée à Ferdinand Porsche. La Coccinelle sera bien construite, mais impossible à commercialiser au prix de mille marks, fixé par le Führer, largement inférieur aux coûts de revient.

Dès 1936, le chômage allemand est réduit à deux millions, c'est-à-dire divisé par trois par rapport à l'arrivée au pouvoir de Hitler. Les jeux Olympiques de Berlin, cette même année, donnent au régime l'occasion de se présenter comme une dictature modèle, qui a réussi à vaincre le monstre de la crise. Et le système de spoliation des minorités juives et slaves, ainsi que les conquêtes de l'Autriche et de la Tchécoslovaquie en 1938 et 1939, dopent encore plus l'économie allemande. Les pillages comblent tous les déficits. Les prises de la France et de la Pologne devaient porter le système à son apogée. Trois ans plus tard, en janvier 1939, à la veille de la nouvelle expansion de « l'espace vital », il n'y avait plus que quelques dizaines de milliers de chômeurs en Allemagne. « Pas un pays européen n'a connu une reprise si rapide », juge l'historien Niall Ferguson.

Mussolini et l'expérience italienne

La folie étatiste fut poussée à son comble par le régime fasciste de Mussolini, en Italie. Alors que le dictateur des années vingt avait été libéral, conformément à l'esprit des temps qui prévalait alors, il se convertit au seuil des années trente. C'est cette année-là qu'est créé le Conseil national des corporations, regroupant les partenaires sociaux sous la direction du gouvernement, pour orienter la production dans le sens souhaité par le pouvoir, définir les prix et les salaires, etc. Peu à peu, le protectionnisme tourne à l'obsession, légitimé par une politique que Mussolini appelle l'autarcie, ou l'autosuffisance, comme l'a souligné l'historien Pierre Milza. Il s'agit de ne dépendre en rien de l'étranger, soit en se passant des produits importés, soit en leur trouvant des substituts, au besoin en les fabriquant.

Un Institut national des changes est créé, qui possède le monopole du commerce avec l'extérieur et de l'utilisation des devises. Des droits de douane très élevés sont mis en place, pour empêcher l'achat de produits étrangers. Ceux qui ont besoin de matières premières bénéficient de subventions publiques qui compensent le renchérissement des importations. Les laboratoires scientifiques travaillent à élaborer un substitut au pétrole, pour ne pas avoir à l'acheter à l'étranger… Pour d'autres produits comme le café, jugés secondaires, la consommation en est tout simplement interdite. L'Italie se coupe complètement des marchés mondiaux.

Pour stimuler la production nationale, l'État prend le contrôle des grandes entreprises au moyen de l'IRI, l'Institut pour la reconstruction industrielle, une sorte de super holding créée en 1933 qui va peu à peu détenir des participations dans la plupart des entreprises italiennes importantes. L'IRI lui-même crée plusieurs filiales, Finmare, qui contrôle la navigation maritime, Finmecanica pour l'armement, Fincantieri pour les chantiers navals… À chaque fois, l'État italien organise un secteur en fusionnant les principales entreprises autour de la plus importante. Et pas question de laisser se développer la concurrence. Il faut en effet une autorisation de l'État pour modifier les implantations industrielles existantes ou en créer de nouvelles. L'IRI est le bras armé des fascistes pour contrôler de près les capitalistes et l'économie.

Parallèlement, la politique nataliste se déchaîne. Après la mise en place d'un impôt sur le célibat, des incitations apparaissent pour les familles de plus de dix enfants. Les concours de naissances se multiplient entre les villes, publiés par les journaux qui célèbrent les familles patriotes et prolifiques. Il est même question de rendre obligatoires le mariage et la procréation, pour faire monter un taux de natalité qui stagne obstinément malgré les objurgations du Duce à accomplir son « devoir démographique ».

La conquête de l'Éthiopie était censée apporter de l'oxygène, mais les sanctions internationales contre l'Italie qui en découlent forcent le régime à durcir encore sa politique d'autarcie. Des campagnes de réduction volontaire de la consommation se développent, la vente de viande est interdite un jour par semaine, de gigantesques collectes de récupération s'organisent, visant par exemple le papier. Le couvre-feu est imposé à 23 heures, pour économiser l'électricité. Un concours est organisé pour récompenser l'inventeur du « carburant national », qui permettrait de se passer des importations de pétrole… Les pénuries et les exhortations au sacrifice se multiplient, comme la campagne pour récupérer l'or, avec la journée du don d'alliances nuptiales. Sur la seule ville de Rome, le gouvernement met la main sur 250 000 alliances, échangées contre des anneaux de fer. En somme la prospérité fasciste, c'était le dépouillement du peuple. Mussolini avait des conceptions proches de celles des gouvernants du Venezuela ! Mieux valait l'aveuglement idéologique que le réalisme économique.

Staline et l'expérience soviétique

En Union soviétique, la révolution idéologique des années trente n'a pas eu lieu à proprement parler parce qu'elle s'était déroulée vingt ans auparavant, lorsque les bolcheviks avaient pris le pouvoir. Le pays semble protégé de la crise mondiale, tout simplement parce qu'il vit, avant les autres, en quasi-autarcie économique. Cette résistance à la maladie du capitalisme lui confère un certain prestige aux yeux des Européens, au moins à ceux de certains intellectuels et des partis communistes. Parce qu'elle constitue, pour la gauche, une troisième voie possible entre l'exploitation sociale du capitalisme et le fascisme.

Il y a pourtant bien eu, aussi en URSS,

une inflexion au tournant de la décennie. Pendant les années vingt, l'agriculture constitue 80 % de l'économie et occupe la même proportion de la population active, et elle reste privée. L'emprise des communistes sur l'économie se limite aux villes. Staline décide pourtant, au début des années trente, de lancer un plan d'industrialisation dans les zones urbaines, d'autant plus ambitieux qu'il pense que le temps est compté avant une attaque militaire des régimes capitalistes. Et il collectivise l'agriculture, ce qui a pour conséquence de faire chuter considérablement la production, et de céréales, et d'animaux.

Les prix agricoles sont fixés par l'administration à un faible niveau, pour subventionner les villes, ce qui appauvrit les campagnes et provoque un exode rural massif. Les ex-paysans deviennent alors ouvriers dans les usines fraîchement construites. Le système de fixation de prix par le Plan n'a plus grand-chose à voir avec l'offre et la demande, il est dominé par les considérations politiques, rapporte Jeffrey Frieden.

Au point que les aberrations se multiplient. Le prix d'un kilo de farine est ainsi plus élevé qu'un kilo de pain… Ce qui interdit bientôt aux boulangers de se fournir.

Mais sur le plan de la production industrielle, les résultats sont saisissants. Entre 1928 et 1937, elle est multipliée par cinq, alors que le PIB par tête progresse de 57 % sur la même période. D'où la séduction que ce modèle exerce sur les esprits européens, alors que leurs pays sont entravés par les rets de la grande crise. Ce que les admirateurs de Staline ne voient pas alors, c'est que des millions de paysans meurent de faim en 1932 et 1933, à cause de la désorganisation de la production que les décisions du Plan provoquent.

Roosevelt et l'expérience américaine

De l'autre côté du détroit de Behring, l'année 1931 constitue certainement la plus noire, où les États-Unis expérimentent jusqu'à son tréfonds la faillite du libéralisme. C'est l'entrée en fonction à la Maison Blanche du gouverneur de l'État de New York, Franklin Delano Roosevelt, qui va constituer le point de retournement, au moins politique, au tout début de 1932. Et en particulier les fameux premiers « cent jours », maintes fois imités et jamais égalés. Le premier tour de force du nouveau président est réalisé grâce aux nouvelles technologies de l'information d'alors, la radio. À peine élu, il inaugure une série de « conversations au coin du feu », allocutions radiodiffusées à ses concitoyens. Le 12 mars 1932 au soir, la première enjoint aux Américains de rapporter leurs économies dans les banques. Devant les innombrables faillites bancaires, les épargnants avaient en effet retiré leur argent par crainte de le perdre, ajoutant ainsi à la crise. Roosevelt explique, avec des mots simples, le rôle crucial que jouent les banques dans le financement de l'économie : « Je peux vous garantir, mes amis, que votre argent sera davantage en sécurité dans une banque que sous votre matelas », leur dit-il. Le lendemain en effet, des files se forment à l'entrée des agences bancaires, pour… déposer de l'argent, et non en retirer ! Ce soir-là, Roosevelt a sauvé le système bancaire, et avec lui l'économie américaine, selon Liaquat Ahmed.

Le président démocrate va bouleverser tous les préceptes de la conduite de la politique économique américaine. Une loi bancaire est votée en huit heures, qui interdit la thésaurisation et l'exportation de l'or et renforce le contrôle sur les établissements de crédit, donnant de facto tous les pouvoirs à l'État fédéral et ses émanations comme la Reconstruction Finance Corporation. Quelques jours plus tard, il met sur pied le CCC, le corps civil pour la protection de l'environnement, destiné à mettre les chômeurs au travail. En avril, il quitte l'étalon-or et laisse chuter le dollar, dans l'espoir de ranimer la compétitivité des États-Unis et la hausse des prix, qui serait le signal que l'économie a repris une vitesse normale. Pendant plusieurs mois, c'est lui qui fixe lui-même le cours du dollar en or tous les matins, en prenant son petit déjeuner…

Jusqu'en 1934, où il arrêtera la valeur du billet vert à 60 % de sa valeur d'avant la crise, à un 35e d'once d'or.

Puis vient la création de la Tennessee Valley Authority, qui pilote de gigantesques travaux publics pour relancer la demande intérieure. Puis encore la National Recovery Administration, fédérale, qui pilote l'économie, définit les prix, les conditions de concurrence et les salaires. C'est la fin du laisser-faire. En 1933 est voté le Glass-Steagall Act, la réglementation bancaire qui, pour protéger les banques de dépôts, les isole des activités spéculatives, et prévoit une assurance fédérale pour les dépôts bancaires. Cette législation restera le socle de l'activité tout au long du XXe siècle, jusqu'à son abolition, en 1999, par l'administration Clinton, sous l'influence de banquiers de Wall Street.

Et pourtant, la crise perdure. Roosevelt entame alors un virage plus marqué vers la gauche, prenant davantage de distance vis-à-vis de l'orthodoxie économique, estime André Kaspi, historien spécialiste des États-

Unis. En 1935, la première loi sur la sécurité sociale est votée, le « welfare state », qui offre une assurance retraite. Peu après, c'est la WPA, Works Progress Administration, pour faire travailler les chômeurs, qui sera mise sur pied et emploiera jusqu'à trois millions de personnes en 1936. Côté fiscal, le vent a tourné et n'est guère favorable aux riches et aux milieux des affaires. Au milieu des années trente, Roosevelt crée une tranche d'impôt à 75 % pour les revenus les plus élevés. Roosevelt justifiera ce prélèvement ainsi : « Les gens savent que des revenus élevés ne résultent pas simplement des efforts, de la capacité ou de la chance de leurs bénéficiaires, mais sont aussi dus à des possibilités offertes par certains avantages auxquels le gouvernement lui-même contribue. Dès lors, c'est au gouvernement qu'incombe le devoir de restreindre de tels revenus par des impôts substantiels. » Les entreprises voient elles aussi leurs contributions s'alourdir, alors que les successions se voient frappées d'un nouvel impôt. « La transmission d'importantes fortunes de génération en génération par testament, héritage ou legs n'est pas cohérente avec les idéaux et les sentiments du peuple américain », dira le président dans l'un de ses discours.

Ces hausses d'impôts non seulement constituent un signe politique marquant que l'on s'intéresse désormais à « l'homme oublié » de la classe moyenne américaine, mais fournissent aussi des moyens financiers pour alimenter les caisses de l'État, dont les dépenses ont été multipliées par quatre, en pourcentage de la richesse nationale, durant les premières années de la présidence Roosevelt, pour arriver jusqu'à 8 % du PIB. C'est le début du « big government », avec l'embauche de nombreux fonctionnaires supplémentaires. Avant le New Deal, les petites villes ne comportaient qu'un bâtiment fédéral, celui de la poste, raconte André Kaspi. Après, de nombreuses administrations étendent leurs ramifications pour mailler le territoire. Cette expansion de l'État, sa propension à décider et à réglementer ne fera que s'accroître alors que s'approche la Seconde Guerre mondiale, et plus encore lorsque les États-Unis s'y engageront, à compter de 1941. Mais les résultats sont là. Durant le premier mandat de Roosevelt, la production industrielle double et le PIB fait un bond de 40 %. Il est vrai que l'Amérique partait de très bas, après l'effondrement. Jamais le pays n'avait connu une telle progression durant un seul mandat présidentiel. La recette serait-elle pertinente aujourd'hui ? On en doute. Mais son solidarisme implicite fait encore des adeptes aujourd'hui.

Blum et l'expérience française

« Les nations comme les individus peuvent tomber malades. Ainsi en fut-il de la France dans les années trente », note celui qui s'était baptisé le « voyageur dans le siècle », Bertrand de Jouvenel. Jouvenel pointera encore, pour caractériser cette sombre décennie française, le changement de climat extrême qui fit se succéder « la sinistre marche des années trente à l'euphorie régnant à la fin des années 1920 ». Car c'est vrai que la France va bien, lorsque la crise éclate. L'énorme dévaluation de Poincaré – 80 % – acquise l'année précédente lui assure croissance et afflux d'or. C'est un pays rural, où la modernité industrielle peine à se faire jour. L'âge moyen des machines dans nos usines est de 20 ans, contre 7 en Allemagne…

Petit à petit, la crise se fait sentir et détériore les finances publiques. Et la compétitivité du pays est entamée par les nombreuses dévaluations qui l'environnent. Mais le ministère des Finances ne veut pas en démordre : il faut rester dans le bloc-or et ne pas dévaluer. Le dogme des inspecteurs des Finances, ces hauts fonctionnaires qui tenaient le ministère du même nom, installé alors dans le palais du Louvre rue de Rivoli, c'était la stabilité monétaire : il faut protéger la valeur de la monnaie, quel qu'en soit le prix, pour éviter la rupture de confiance vis-à-vis du franc.

Absurdité économique, absurdité politique, qui contraindra la France à pratiquer une violente déflation, sous la conduite des présidents du Conseil Gaston Doumergue et

Pierre Laval, en 1934 et 1935 : coupes dans les budgets, prélèvements sur les pensions de guerre, baisse de 10 % des traitements des fonctionnaires... Une politique qui ne fait que briser la maigre reprise venue de l'étranger et creuse encore le déficit. La classe moyenne française est durement éprouvée, analyse Serge Berstein, car si les prix ont fortement chuté, les salaires sont tombés davantage, tout comme les revenus agricoles, véritablement sinistrés : « Avec les difficultés qui frappent, c'est l'ensemble des promesses sociales dont la République était porteuse qui est mis en cause. Et c'est pourquoi cette crise sociale apparaît comme le moteur principal d'une crise politique, d'autant plus profonde que l'interrogation sur la valeur du régime et l'adéquation des institutions se posait bien avant les premiers symptômes de la crise économique. Celle-ci ne fait qu'approfondir, aviver, diffuser largement dans la population une crise de l'idée républicaine et des idéologies politiques dont les causes remontent à la Grande Guerre. » Une phrase qui pourrait aussi s'appliquer à l'actualité française de 2019…

Le chassé-croisé des gouvernements – « sortez les sortants », dirait-on de nos jours, ou bien le « dégagisme » – finit par discréditer à la fois la classe politique et le système institutionnel de la IIIe République, alors que gagne le sentiment de déclin et de déclassement du pays par rapport à l'avant-guerre. À cela s'ajoutent les scandales, comme l'affaire Oustric et l'affaire Stavisky, un escroc dont on soupçonne qu'il a bénéficié de protections politiques de haut niveau. S'ajoutent encore les émeutes de rue, comme celles qui sont provoquées par les ligues, des groupes d'extrême droite qui veulent le renversement du régime – le gilet jaune n'existe pas encore, mais les thèmes et les modes d'action sont identiques. Le 6 février 1934, l'une de ces émeutes dégénère sur la place de la Concorde et fait quinze morts, après la charge de la police.

C'est sur cette toile de fond bien sombre que se construit la victoire du Front populaire, en mai 1936, portant le socialiste Léon Blum à la présidence du Conseil. L'arrivée de la gauche s'accompagne de grèves massives nées dans les usines d'armement, qui les dépassent rapidement pour paralyser le pays. En juin, Blum mettra fin au mouvement social avec les accords de Matignon : augmentation des salaires de 7 à 15 %, conventions collectives et délégués du personnel, congés payés annuels de quinze jours et semaine de 40 heures. Un bouleversement de la condition des salariés, sans équivalent dans aucun autre pays, URSS comprise.

À l'automne, alors que le Front populaire avait promis « ni déflation ni dévaluation », le gouvernement se trouve contraint de quitter l'étalon-or – enfin – et de dévaluer massivement, à cause de la fuite des capitaux. Il recommencera au début 1937. Le Front populaire aura parallèlement conduit plusieurs réformes économiques importantes, pour étendre le champ de la puissance publique et de la régulation. La première touche à la Banque de France, naguère privée et contrôlée par les « deux cents familles », c'est-à-dire les grosses fortunes d'alors, actionnaires de l'établissement. Le gouvernement limite leur pouvoir au profit de l'État. La deuxième visera la nationalisation des usines d'armement, contre l'indemnisation généreuse de leurs propriétaires, désorganisant ainsi une production stratégique pour le pays. Et la troisième, la création de l'Office national interprofessionnel du blé, pour stabiliser les cours et organiser la production.

L'échec de la relance économique du Front populaire condamnera le gouvernement Blum, alors que les périls s'accumulent en Europe. Les présidents du Conseil se succéderont jusqu'à la guerre, en 1939, laissant une France épuisée et impréparée au conflit, dont le pacifisme témoignait plutôt de la faiblesse que de la détermination. Jouvenel en conclura que « le drame de l'entre-deux-guerres, c'est que la France s'est trompée de saison, que notre politique étrangère a été à contretemps ». Belliqueuse au sortir de la guerre, et imposant à une Allemagne détruite un traité de Versailles qui ne fera que tendre le ressort du ressentiment, elle devient pacifiste quand les usines d'armes hitlériennes tournent à plein régime, dans les années trente…

La fin du précédent cycle libéral s'est donc étirée sur presque un tiers de siècle, entre 1914 et 1945, ponctuée par deux conflits mondiaux. Sans doute a-t-elle été déformée justement par ces guerres et leur propre dynamique, qui ont rallongé la phase terminale. Et ce n'est que dans les années trente que les responsables politiques et économiques comprennent que le retour au libéralisme d'avant la Grande Guerre est une impasse. Tous alors cherchent, dans l'urgence, sous la contrainte d'une économie effondrée et de la montée des dangers géopolitiques, des voies nouvelles. Par-delà la diversité des expériences faites durant cette décennie, un trait commun puissant se dégage : non pas le retour, mais l'arrivée de l'État dans l'économie. Jusqu'alors, la puissance publique était en effet un acteur très secondaire dans la marche des affaires, se limitant à collecter quelques maigres impôts pour faire fonctionner les services régaliens.

Ce qui est frappant pour l'observateur qui

a le privilège du recul que donne le temps, c'est la rapidité et la profondeur du retournement idéologique. En quelques années, tous les canons de la politique économique changent, et cela quasiment partout sur la planète, au même moment. Dans les années trente, le marché est récusé partout, du New Deal de Roosevelt aux cartels allemands de Hjalmar Schacht, en passant par le dirigisme de Takahashi au Japon. Jusqu'au milieu de la décennie, Hitler et Roosevelt seront d'ailleurs souvent comparés et associés par les commentateurs, car leurs instruments pour rétablir l'économie sont similaires. Les deux voies ne se différencieront que peu après pour des raisons bien extérieures à l'économie, l'une menant au désastre et l'autre à une forme de social-démocratie qui a constitué la base du contrat social d'après la Seconde Guerre mondiale, et à la régulation monétaire internationale de Bretton-Woods.

Quelque quatre-vingts ans plus tard, nous sommes, nous aussi, à la recherche de nouvelles règles. Et pris dans un puissant mouvement d'inversion idéologique.

2029

Le nouveau cycle

Alors que les décennies récentes avaient été marquées par le désir de liberté, les prochaines vont voir s'affirmer la tendance exactement contraire, le besoin de protection. Sur l'orbe du cycle idéologique, 2019 est située exactement au nadir de 1989. Il y a trente ans en effet, la chute du Mur de Berlin avait exalté la pulsion libérale et étendu le champ de la démocratie. L'incroyable marée populiste qui avance aujourd'hui en est le double inversé. Au même moment, tous les continents ont inversé leur boussole politique. L'aiguille pointe désormais vers l'autorité, le chef, les frontières, le contrôle. S'il y a bien sûr une différence de mesure entre une dictature comme la Chine et une démocratie « illibérale » comme la Hongrie, il n'y en a pas dans la nature : tous ces régimes déclinent cinquante nuances de brun. Non pas parce qu'ils ont été victimes de quelque coup d'État de ganaches turbulentes. Ce sont les peuples qui ont déclenché ce revirement, le plus souvent avec une élection.

Alors que les élites politiques et surtout économiques sont restées libérales, les opinions ont en effet divergé de façon subreptice, à la faveur de la crise économique et de l'exaspération croissante qu'a déclenchée la mondialisation sous ses différentes formes – délocalisations d'usines, immigration non contrôlée, ruptures technologiques qui dévaluent le travail. Cet écart s'explique par une raison toute simple : les élites ont intérêt à la poursuite du modèle libéral, fût-il dénaturé par les excès financiers, parce qu'il organise un partage des richesses qui leur est favorable. Alors que les non-qualifiés et les non-connectés à l'économie mondiale n'y voient plus guère d'avantages, dès lors qu'ils ont le sentiment que les bénéfices ne se diffuseront pas jusqu'à eux.

Dans tous les pays démocratiques, la divergence idéologique entre les classes populaires et les dirigeants a produit le même résultat : l'essor de partis nouveaux, ou anciens et remodelés, ces fameux « populistes », qui ont capté les suffrages. N'étant généralement pas liés au système de pouvoir en place, ils ont compris et flatté le besoin de protection qui montait en puissance chez les électeurs, et tenté de lui proposer une offre politique – l'honnêteté oblige à dire que, si l'intuition qui les aiguillonne est la bonne, les programmes qu'ils proposent sont bien souvent indigents, peu travaillés voire dangereux. Quant aux partis traditionnels, sourds et aveugles au fait majeur de la politique contemporaine, ils s'enfoncent, en particulier à gauche, dissimulant leur immobilisme en surjouant l'affrontement entre les « progressistes », réputés partisans de l'ouverture, et les attardés, qui refuseraient la modernité.

Les toutes prochaines élections européennes, à la fin du mois de mai 2019, devraient marquer une nouvelle avancée de ces forces nouvelles, au détriment des partis traditionnels de la droite et surtout des sociaux-démocrates, complètement désorientés. Les populistes s'imposeront aussi sur les scènes nationales, jusqu'à ce que les partis traditionnels acceptent, eux aussi, le changement de temps idéologique, et s'en inspirent pour transformer leur offre politique – manifestement, le temps de cette conversion, inévitable si l'on observe ce qui s'est produit dans le passé lors de périodes analogues, n'est pas encore venu. Mais elle viendra, car ce sont toujours les électeurs qui ont le dernier mot.

Jusqu'où la révolution politique peut-elle aller ? Peut-on imaginer que s'installent chez nous des dictatures, tout comme l'Europe de l'entre-deux-guerres avait vu le basculement de régimes démocratiques que l'on croyait solidement établis ? La reproduction à l'identique est peu probable. L'Europe de cette époque était profondément marquée par les séquelles de la Première Guerre mondiale et de son traité. Rien de tel aujourd'hui. L'Allemagne n'a pas subi un traité de Versailles, pas plus qu'elle n'a été entraînée dans la spirale inflationniste des années vingt. Hitler aurait-il existé sans l'humiliation d'un armistice féroce et stupide et la République de Weimar ? Les cycles dessinent un cadre dans lequel chaque époque invente les faits qui lui correspondent.

Pourtant, comme dans les années trente, les valeurs changent insensiblement, les préférences collectives se transforment pour repeindre sous les couleurs du normal ou du souhaitable ce qui était naguère insupportable. La France de Macron n'a-t-elle pas adopté une loi pour contrôler et réprimer ce qu'elle appelle les « fake news », le pouvoir s'arrogeant le droit d'établir la vérité, dans l'indifférence la plus totale ? La loi anti-casseurs, présentée après les Gilets jaunes, ne menace-t-elle pas les manifestants et opposants potentiels au point que certains députés conservateurs comme Charles de Courson y voyaient le retour du régime de Vichy ? S'il est une chose certaine, c'est que la génération libérale, née jusque dans les années soixante-dix, va être surprise par l'intensité de ce qu'elle verra comme un « retour en arrière », qui va transformer l'organisation de la société et de l'économie. Avec deux lignes de forces.

La première, c'est la réhabilitation des frontières. Une contre-révolution pour l'Europe, qui s'est fondée justement avec l'abaissement de ces démarcations nationales, depuis les premiers projets d'unification du continent, justement dans l'entre-deux-guerres : les États-Unis d'Europe, promus par Aristide Briand, ministre des Affaires étrangères, et son homologue allemand, Gustav Stresemann. L'Europe n'a eu de cesse de supprimer ces limites qu'elle voyait comme la matérialisation de l'esprit nationaliste qui l'avait conduite à la guerre et à la ruine. Par essence même, l'Europe est donc la négation des frontières, c'est pour cela qu'elle est complètement à contre-courant aujourd'hui et que ses chances de disparaître sont grandes. Elle multiplie les actes incompréhensibles, comme imposer aux États membres d'ouvrir leurs propres frontières nationales à un quota de migrants décidé par Bruxelles !

Pour l'avenir, de deux choses l'une. Ou bien le projet parvient à substituer aux limites nationales la frontière européenne, qui matérialiserait une identité et un projet collectifs, et donnerait le sentiment aux citoyens qu'elle les protège. Dans ce cas-là, elle aurait une chance de survivre. Cela supposerait qu'elle reformule sa politique vis-à-vis des migrants et sa doctrine commerciale, en adoptant par exemple la préférence communautaire pour les marchés publics – un tabou.

Cette évolution est peu probable. D'abord parce que cela supposerait que le projet se recentre sur un petit nombre de pays partageant les mêmes valeurs et conceptions. Les conceptions de l'Europe sont en effet trop divergentes pour permettre une telle avancée. Ensuite parce que la dynamique du projet, qui continue à courir tel un canard sans tête, est un élargissement sans limite définie – le contraire d'une frontière. L'autre possibilité, la plus probable, est que l'Europe se dissolve sous le coup de nouveaux départs après le Brexit. Ou qu'elle entre dans une longue période de somnolence durant laquelle chaque pays prendra de plus en plus de liberté avec la règle commune.

Curieusement, ce sont encore les Anglo-Saxons, Royaume-Uni et États-Unis, qui ont été les précurseurs de cette révolution des frontières, avec le vote pour le Brexit, en juin 2016, et quelques mois plus tard, l'élection de Donald Trump, promoteur de murs en tout genre, aux États-Unis. Exactement comme en 1979, où Thatcher et Reagan s'étaient succédé de près pour initier la révolution libérale. Nous allons les suivre. Et cela même dans la France de Macron, supposée être l'avant-garde de la construction européenne en lutte avec les forces obscurantistes. La France qui désormais exige des patrons de grandes entreprises qu'ils payent leurs impôts en France, au mépris des principes européens élémentaires de la libre circulation. Ou qui prend l'initiative de taxer seule les Gafa (Google, Apple et autre Facebook), faute d'un accord européen. Ou encore qui contrôle le rachat par des entreprises étrangères d'entreprises françaises dans les secteurs jugés stratégiques, tout comme l'Allemagne, victime de prédations chinoises. Après un demi-siècle de laisser-faire, aiguillonnés par des électeurs qui ne comprennent plus la négligence, les gouvernements recommencent à protéger l'espace national, y compris au sein même de l'Europe.

Autre signe, en Europe même, la libre circulation de l'argent a été sérieusement amendée, pour lutter contre l'évasion fiscale. Cela faisait trente ans que le capital disposait d'une liberté totale pour franchir les frontières, retrouvant ainsi le monde de l'avant 1914. C'est fini. Les scandales de fortunes dissimulées ont conduit les paradis fiscaux à dévoiler en partie leur clientèle, désormais soumise au contrôle des États, via les banques. La libre circulation des hommes a elle aussi été remise en cause, à cause du terrorisme et des contrôles qu'il rend indispensables. Quant à la libre circulation des marchandises, inutile de dire que le

Brexit va la compromettre. L'Europe, telle la coquille d'un œuf qui a subi un choc, se craquelle et laisse réapparaître les anciennes fractures – les plus anciennes, inaltérables, les frontières nationales.

On observe le même essor du nationalisme économique et commercial au plan mondial. L'ONG Global Trade Alert recense ainsi un nombre croissant de mesures protectionnistes dans le monde depuis la crise de 2008, mises en place par les pays du G20. Les États-Unis, naguère fer de lance du libre-échange mondial, se sont engagés dans une confrontation commerciale avec la Chine, pour tenter de réduire les considérables excédents que dégage l'empire du Milieu sur ses ventes en Amérique – 40 milliards de dollars sur le seul mois d'octobre 2017. Le président Trump a même renégocié en partie le NAFTA, l'accord commercial qui associait depuis un quart de siècle les États-Unis, le Mexique et le Canada. Là encore, toujours la même préoccupation : défendre les intérêts nationaux des États-Unis, que l'ex-businessman estimait malmenés.

Le commerce international lui-même est en train de se transformer. Car les entreprises, réagissant au nouveau climat politique, réorganisent leurs chaînes de production, naguère éclatées sur tous les continents. Apple rapatrie de Chine aux États-Unis la production de ses micro-ordinateurs les plus sophistiqués, le constructeur automobile Nissan suspend la fabrication de son nouveau modèle X-Trail au Royaume-Uni, à cause des obstacles commerciaux et réglementaires que le Brexit risque de faire apparaître pour les flux de marchandises entre ses usines britanniques et le marché européen. Alors que la surface de la Terre était naguère lisse comme un tapis de billard, permettant la circulation sans entraves des marchandises d'un point à l'autre du globe, les frictions se multiplient. C'est le retour du risque politique, disparu depuis trente ans, qui s'impose à l'économie et aux entreprises. Et ce n'est que le début.

Les premières traces de ce nouveau monde fragmenté sont déjà visibles dans les chiffres du commerce international. Pendant toutes les années quatre-vingt-dix et deux mille, les échanges commerciaux progressaient bien plus vite que le PIB mondial. Ce n'est plus le cas. Au mieux, le commerce suit la courbe de l'activité. Ce qui signifie que la part des échanges commerciaux dans la richesse mondiale ne progresse plus. Il est vraisemblable qu'elle diminue même dans les années qui viennent, sous l'influence de deux facteurs conjoints, la prochaine crise économique et financière et la profusion des heurts entre nations.

Il faut noter une caractéristique surprenante : cette fragmentation de l'économie mondiale se produit alors même que les technologies de communications et de transport n'ont jamais été aussi performantes et si peu coûteuses. Ce qui démontre bien que la technique n'est que l'un des déterminants de la mondialisation. Elle la facilite sans aucun doute. Pour autant, le facteur principal n'est pas technique mais politique. Il s'agit du degré de tolérance à l'ouverture des sociétés. Un degré éminemment variable en fonction du sentiment de sécurité qu'ont les électeurs. Par beau temps, c'est la conjoncture que nous avons connue pendant vingt ans, les sociétés sont enclines à faire disparaître les frontières, ouvrant un vaste terrain de jeu pour les entreprises. Qu'une crise économique, politique ou migratoire intervienne, et les ponts-levis sont remontés. Comme toujours, les populistes appellent au relevage de ces ponts bien avant les autres, parce qu'ils ont compris bien avant les autres le changement d'état d'esprit populaire. Et comme toujours, les élites ne le voient que bien plus tard, parce qu'elles tentent de maintenir en l'état un système qui leur convient plutôt bien.

Deuxième ligne de force, après le retour des frontières, celui de la puissance publique dans l'économie. Alors que les préceptes libéraux enseignaient aux gouvernants d'en faire le moins possible afin de ne pas contrarier les équilibres du marché, les États reviennent sur le devant de la scène. D'abord parce que s'est développée sur la planète une nouvelle forme d'organisation économique, le capitalisme d'État, qui se porte bien. C'est en Chine qu'il est le plus visible, avec une puissance publique qui tient tous les leviers de contrôle et encadre de façon stricte les initiatives du secteur privé. Il y a vingt ans, les pays émergents révéraient le modèle américain et multipliaient les professions de foi libérales dans l'espoir d'attirer les investisseurs. Aujourd'hui, le modèle, c'est Pékin : croissance et « stabilité » politique, au besoin en embastillant les opposants. Et la Chine est d'autant plus efficace pour faire rayonner ses idées qu'elle prête désormais largement aux États nécessiteux pour financer leurs projets. Une sorte de plan Marshall des temps modernes, pour étendre son influence.

Et l'Occident lui-même a changé. À la fin 2007, le premier pays à avoir nationalisé une banque était… le Royaume-Uni, réputé le plus libéral ! Bien d'autres ont suivi, aidant tour à tour les banques, les constructeurs automobiles, etc. La crise a pointé les faiblesses du marché, en révélant une vérité ensevelie sous des décennies d'illusions : un acteur privé, quelle que soit sa solidité et sa surface financière, finit toujours par avoir peur. Peur de perdre, dans une crise où plus rien ne fonctionne et plus rien ne s'achète. Alors que l'État ou la banque centrale, organisme public, n'ont jamais cette peur. Ce qui leur permet d'intervenir dans la panique pour stabiliser le marché. S'ils n'ont pas peur, c'est pour deux raisons. D'abord parce que celui qui décide d'intervenir au nom de l'État pour nationaliser une banque, par exemple, ne le fait pas avec son propre argent. Ensuite parce que la capacité d'un État à lever des impôts est, théoriquement, sans limite, tout comme la capacité d'une banque centrale à créer de la monnaie. Contrairement à un acteur privé.

Plus encore, l'État a retrouvé une légitimité à intervenir dans l'économie. Légitimité qu'il avait perdue, lorsqu'on a déclenché un vaste mouvement de privatisation dans le monde entier dans les années quatre-vingt, jusque dans les pays dirigés par la gauche – en France, le record de privatisations est toujours détenu à ce jour par le gouvernement de Lionel Jospin, entre

1997 et 2002. Mouvement aujourd'hui tari, et à la veille d'une puissante inversion, lui aussi. Au Royaume-Uni, des lignes de train sont renationalisées. Le programme de Jeremy Corbyn, leader du parti d'opposition, prévoit la reprise en main par l'État de la poste et des transports ferroviaires... Quelle différence avec les travaillistes d'il y a vingt ans, emmenés par Tony Blair, qui prônaient alors la « troisième voie », une social-démocratie largement acclimatée au marché et à la mondialisation ! La même évolution idéologique est perceptible chez les démocrates américains, aujourd'hui dans l'opposition, dont les candidats potentiels à la prochaine présidentielle défendent tous l'idée d'un système de santé public, que Hillary Clinton, démocrate et libérale, avait récusé il y a deux ans. Sans doute s'agit-il, là encore, de signaux précurseurs de l'évolution des gauches en Occident.

Sur les privatisations, l'évolution française est également significative. Sur ce point comme sur bien d'autres en matière économique et européenne, Emmanuel Macron était complètement à rebours du courant idéologique contemporain. Il retardait de vingt ans. D'où ses propositions de poursuivre les privatisations, en particulier celle d'Aéroports de Paris et de la Française des Jeux. La crise des Gilets jaunes a remis les pendules idéologiques à l'heure. Les privatisations, reculées aujourd'hui, devraient être remises aux calendes grecques. Même la droite n'y est plus favorable, le Sénat a d'ailleurs voté contre en janvier dernier.

La fiscalité constitue un autre marqueur de ce retour de l'État, et en particulier la fiscalité sur les riches. Dans la zone euro, deux pays sur trois ont augmenté leur taux marginal de l'impôt sur le revenu depuis la crise, c'est-à-dire celui qui frappe les revenus les plus élevés. Sur ce sujet aussi, l'évolution politique de la gauche américaine est significative. Alexandria Ocasio-Cortez, la jeune élue démocrate en vue, vient de proposer de monter à 70 % ce taux marginal, c'est-à-dire de le doubler, puisqu'il est aujourd'hui à 37 %. Certes, il s'agirait de ne frapper que les très gros revenus – plus de dix millions de dollars annuels. Mais ce serait une rupture avec le mouvement de baisse enclenché par Ronald Reagan, en 1980. Elizabeth Warren, autre figure démocrate, propose quant à elle un impôt sur la fortune, au-delà de 50 millions de dollars d'actifs.

Sur la fiscalité aussi, Macron était à contretemps. D'où la suppression immédiate de l'ISF sans contrepartie et sans mesure équivalente, dans l'ampleur et le calendrier, pour les classes moyennes. Il l'a payé cher, avec un mouvement de colère populaire qui l'oblige à infléchir son quinquennat. Et le revirement a commencé. Les propositions fleurissent dans la majorité pour augmenter le taux marginal en France aussi. Gérald Darmanin, le ministre de l'Action et des Comptes publics, évoque quant à lui la suppression ou la réduction des niches fiscales qui profitent aux contribuables aisés. 2019 ne se passera pas sans qu'on mette un coup fiscal sur la tête des riches, le tout approuvé au nom de la justice fiscale par un Emmanuel Macron aujourd'hui plus en phase avec l'esprit des temps.

L'esprit des temps, c'est la chasse aux riches, et il n'y a guère que l'État qui puisse le faire, justement avec les impôts. Le sentiment, réel ou fantasmé, est qu'ils n'ont pas payé leur écot. Et qu'ils ont échappé en large partie aux conséquences de la crise économique, puisque leurs revenus ont progressé. Aux États-Unis, les revenus des 1 % les plus riches ont ainsi doublé entre 1990 et 2015, après prélèvements et transferts, alors que ceux de la classe moyenne n'ont progressé que d'un tiers. L'évolution n'est pas aussi forte en France, mais elle reste favorable pour les plus aisés.

Le climat change donc. Car, tout comme le degré d'ouverture des frontières commerciales, le niveau de la fiscalité pour les riches varie considérablement selon les époques. On pourrait imaginer qu'il soit le reflet d'analyses économiques solides et immuables, définissant une fois pour toutes le « juste » niveau de l'impôt… Eh bien pas du tout. Ce sont les considérations politiques qui prévalent, éminemment variables. Ce qui explique l'extraordinaire instabilité de l'impôt sur les riches au fil du XXe siècle. Très élevé pendant les crises ou les guerres – Roosevelt avait même porté le taux marginal à 91 % –, il descend en dessous de 40 % dans les phases de détente sociale et de mondialisation.

L'État va donc être plus interventionniste et plus taxateur. Surtout si la crise économique et financière réapparaît, comme c'est vraisemblable. Il faut s'attendre aussi à ce qu'il conteste, sinon remette sous tutelle, toutes les autorités indépendantes qui avaient été mises en place depuis trente ans : concurrence, régulation, etc. L'idée même d'« indépendance » vis-à-vis du pouvoir politique semble aujourd'hui saugrenue, et presque dangereuse. L'indépendance n'est plus la garantie que les décisions prises le soient au profit de la collectivité – au contraire.

Il est même vraisemblable que l'État aille jusqu'à reprendre le contrôle des banques centrales, émancipées en Europe après la ratification du traité de Maastricht, dans les années quatre-vingt-dix. À l'époque, si l'on a constitué ces organismes en autorités indépendantes, c'était pour protéger la monnaie contre les tentations du pouvoir politique. Tentations de dépenser plus qu'il ne faut, par exemple en faisant financer le déficit de l'État par la création de monnaie, ce qui augmente l'inflation et érode donc l'épargne et le patrimoine des citoyens. Mais les temps ont changé. Le président américain multiplie ainsi les critiques vis-à-vis du responsable de la Federal Reserve, Jay Powell, dans des termes d'une brutalité sans précédent, parce qu'il lui reproche de ne pas stimuler assez l'activité. Le Britannique Corbyn prévoyait, s'il arrivait au pouvoir, une gigantesque opération de création monétaire au profit des ménages… En Europe, les partis au pouvoir en Italie projetaient la mise en place d'une monnaie parallèle à l'euro, de façon à pouvoir utiliser le levier monétaire sans l'accord de la banque centrale européenne, à l'instar d'un Hjalmar Schacht dans l'Allemagne nazie des années trente. Ils ont renoncé, mais… pour combien de temps, alors que l'Italie retombe en récession au début 2019 ?

C'est toute la philosophie de la monnaie qui va changer. Dans les phases libérales, la monnaie et sa valeur constituent le point fixe autour duquel tout s'organise : les budgets des États, le niveau des salaires, la condition sociale des travailleurs, la liberté des mouvements de capitaux. C'est ce que nous connaissons dans la zone euro depuis vingt-cinq ans. Et même davantage en France, puisqu'il y avait eu auparavant la politique dite du « franc fort » – alignée sur Francfort, disaient alors les esprits chagrins. Dans ce système, le verrou, c'est l'indépendance de la banque centrale, qui protège la monnaie en luttant contre l'inflation. « Touche pas au grisbi ! », ce pourrait être les quelques mots inscrits au fronton de l'édifice, adressés à tous les gouvernements. De fait, le choix d'une monnaie forte n'est pas neutre. Il avantage les détenteurs de capitaux, qui profitent aussi de la liberté de déplacer leurs avoirs comme bon leur semble par-delà les frontières.

Le taux d'inflation est un curseur qui permet de répartir les richesses au sein d'un même pays. Une faible inflation profitera à ceux qui ont accumulé, plutôt les plus aisés, plutôt les plus âgés. Alors qu'une forte hausse des prix avantage ceux qui s'endettent, plutôt les jeunes, plutôt la classe moyenne, car elle érode la valeur des emprunts. C'est ce réglage qui va changer, de façon certaine si la crise financière se profile. La crainte de l'inflation et les règles de bonne gestion libérale de la monnaie vont être balancées par-dessus bord, et avec elle l'indépendance des instituts d'émission. C'est le pouvoir politique qui pourrait bien reprendre en main le contrôle de la monnaie, pour en faire justement un bien « politique », c'est-à-dire au service assumé du gouvernement et de ses objectifs. Inutile de dire que l'euro, notre monnaie unique, aura bien du mal à préserver à la fois sa géographie et ses règles, dans un tel contexte. Il faudra immanquablement, soit que les règles changent – peu probable, tant que les Allemands sont là –, soit que le périmètre de l'union monétaire soit modifié, en excluant les pays qui veulent bousculer les règles.

Reprise en main des frontières, restauration du pouvoir de l'État : il s'agit de « reprendre le contrôle », le slogan était d'ailleurs celui des partisans du Brexit, lors de la campagne électorale pour le référendum britannique de 2016. L'époque libérale enjoignait aux gouvernements et à la société de s'adapter à la liberté des acteurs économiques. Soyez flexibles, tel était le mot d'ordre. L'époque dirigiste qui s'annonce va faire le contraire exact, en établissant la prééminence du politique – jusque dans ses travers – sur l'économie, quitte à sensiblement contrarier celle-ci.

Dans son objectif de reprendre le contrôle, y compris sur ses propres citoyens, l'État de demain sera assisté par des instruments d'une puissance absolument sans équivalent dans l'histoire humaine, les nouvelles technologies associées à l'intelligence artificielle. Ici encore, l'inversion est en cours. À leur naissance, dans les années quatre-vingt-dix, l'internet et les technologies connexes ont été les auxiliaires du libéralisme. D'abord en offrant à chacun d'entre nous une liberté personnelle considérable, celle de parcourir la planète d'un clic, d'échanger avec quiconque instantanément et – croyait-on – de façon confidentielle. Ensuite en dynamitant toutes les rentes économiques assises sur l'ignorance des consommateurs. La faculté de tout comparer instantanément a donné un pouvoir sans égal à l'acheteur, au détriment du producteur et de ses petits secrets. Les prix ont baissé. Enfin, l'internet a aussi corrodé tous les pouvoirs, celui du politique, de l'enseignant, du scientifique, du journaliste, parce qu'il a diffusé gratuitement tous les savoirs. La rente du sachant a elle aussi été « libéralisée ».

Cette époque est révolue. Parce qu'elle a débouché sur un monde dangereux et sans repères, au moins pour la majorité des citoyens. Avec les dangers que constituent la montée des terrorismes, des mafias, les déstabilisations politiques orchestrées par des puissances étrangères. Depuis peu, nous réalisons que ces technologies n'étaient pas libérales par nature : elles offrent aussi à l'entreprise qui les exploite ou aux gouvernements un moyen de contrôle d'une précision terrifiante. Dans nombre de villes chinoises, les systèmes de reconnaissance faciale sont déjà opérationnels, ils permettent de comparer les traits d'un individu à une base de données d'un milliard de visages en quelques secondes… Les données collectées par les services de messagerie, désormais exploitables tant les puissances de calcul ont progressé, donnent à celui qui voudrait les utiliser le pouvoir de réduire à néant la vie privée des individus. Libérales lorsque le désir de liberté l'emporte, les nouvelles technologies deviennent liberticides lorsque le climat idéologique change…

Plus de frontières, plus d'État, plus d'impôts, plus de contrôles… Voilà donc le monde qui nous attend. Un monde où devrait prévaloir l'autoritarisme, jusque dans ses manifestations excessives. Si l'on se fie à l'Histoire, pourtant, cette phase ne sera que transitoire. Après les troubles des années trente, les démocraties ont fini par mettre en place les nouvelles règles et les protections que le monde d'avant ne parvenait pas à formuler : l'État-providence, né de part et d'autre de l'Atlantique, en Angleterre et aux États-Unis. La mise en œuvre de ces protections sociales, assurances retraite et santé, avec le rétablissement des frontières, a permis à la classe moyenne de connaître une progression de son niveau de vie sans équivalent. C'est à la construction de protections nouvelles qu'il faut s'atteler désormais. Nul doute que ce travail sera fait, et qu'il préludera à une longue période de croissance.

En 2029 ? Pourquoi pas.

Il faut le dire une nouvelle fois, l'Histoire ne se répète pas mécaniquement. Mais elle nous offre, en matière économique, une leçon maintes fois vérifiée. Les âges libéraux finissent toujours mal, parce qu'ils finissent par ne prendre en compte que leurs bénéficiaires. La révolte du bon sens s'exprime alors sous une double forme. Économique, avec une crise qui vise à rétablir les équilibres financiers malmenés. Et politique, avec l'arrivée d'une nouvelle génération au logiciel idéologique rénové. Nous en sommes précisément là.

Quant à la France, elle traverse ces cycles avec une particularité, celle d'être toujours en retard sur l'heure idéologique dominante. Socialiste en 1981, alors que la révolution libérale va tout emporter, elle vote pour un président libéral en 2017, tandis que l'étatisme et le protectionnisme gagnent tous les continents ! Toujours à contretemps, elle finit pourtant par s'adapter. En 1983, le socialiste Mitterrand deviendra plus libéral qu'aucun de ses prédécesseurs, transformant la France pour faciliter l'intégration dans l'Europe. En 2019, Emmanuel Macron lui aussi tourne casaque, et renie ses promesses de campagne pour faire ce que lui demandent les électeurs. En 2029, la France aura fait le deuil de son libéralisme tardif. Elle sera tout à l'ivresse de son nouveau dirigisme dans un monde étrangement clos.

Bibliographie indicative

Ahamed Liaquat, *Lords of Finance,* Windmill Books, 2010.

Berstein Serge, *La France des années 1930,* Armand Colin, 2002.

Berstein Serge, Milza Pierre, *Le Fascisme italien,* Points, 2018.

Ferguson Niall, *The War of the World,* Allen Lane/Penguin, 2006.

–, *Always Right,* Odyssey Editions, 2016.

Frieden Jeffry A., *Global Capitalism,* Norton, 2006.

–, *Currency Politics: The Political Economy of Exchange Rate Policy,* Princeton Univ. Press, 2015.

Fukuyama Francis, *La Fin de l'histoire et le dernier homme,* Flammarion, « Champs », 2018.

Gauchet Marcel, *L'Avènement de la démocratie,* tome 3, *À l'épreuve des totalitarismes,* Gallimard, 2010.

Hawes James, *The Shortest History Of Germany*, Old Street, 2017.

Hobsbawm Eric, *L'Ère du capital*, Fayard, « Pluriel », 2011.

–, *L'Âge des extrêmes*, André Versaille éditeur, 2008.

James Harold, *The Creation and Destruction of Value : The Globalization Cycle*, Harvard Univ. Press, 2009.

Jouvenel Bertrand de, *Un voyageur dans le siècle*, Robert Laffont, 1980.

Kaspi André, *Franklin D. Roosevelt*, Perrin, « Tempus », 2012.

Keynes John Maynard, *Les Conséquences économiques de la paix*, Gallimard, « Tel », 2002.

Lenglet François, *La Fin de la mondialisation*, Pluriel, 2014.

Roosevelt Franklin D., *Comment j'ai vaincu la crise*, Les Petits matins, « Alternatives Economiques », 2014.

Tooze Adam, *Le Salaire de la destruction*, Les Belles Lettres, 2012.

Table

2019. L'échec libéral 7
1969. À l'origine 41
1979. La force de l'âge 59
1989. L'apogée 83
1999. La démesure................................ 105
2009. La chute....................................... 123
1919-1939. Le précédent autoritaire.... 147
2029. Le nouveau cycle 199

DU MÊME AUTEUR

Aux Éditions Albin Michel

TANT PIS ! NOS ENFANTS PAIERONT, 2016

Chez d'autres éditeurs

TORDEZ LE COU AUX IDÉES REÇUES, Stock, 2018

LA FIN DE LA MONDIALISATION, Fayard, 2013

QUI VA PAYER LA CRISE ?, Fayard, 2012

LA GUERRE DES EMPIRES : CHINE CONTRE ÉTATS-UNIS, Fayard, 2010

LA CRISE DES ANNÉES 30 EST DEVANT NOUS, Perrin, 2007

Composition Nord Compo
Impression CPI Bussière en avril 2019
Éditions Albin Michel
22, rue Huyghens, 75014 Paris
www.albin-michel.fr
ISBN : 978-2-226-44194-2
N° d'édition : 23466/03 – N° d'impression : 2044553
Dépôt légal : mars 2019
Imprimé en France